imaginist

U0125330

想象另一种可能

理
想
国
imaginist

SVENJA FLASSPÖHLER

Sensibel: Über moderne
Empfindlichkeit und
die Grenzen des
Zumutbaren

敏感
与自
我

〔德〕斯文娅·弗拉斯珀勒 ——— 著

许一诺 包向飞 ——— 译

上海三联书店

Sensibel: Über moderne Empfindlichkeit und die Grenzen des Zumutbaren
by Svenja Flaßpöhler
Copyright © 2021 by Svenja Flaßpöhler
Copyright © 2021 by J. G. Cotta'sche Buchhandlung Nachfolger GmbH, gegr. 1659, Stuttgart
Simplified Chinese Translation is published by arrangement with Literarische Agentur Michael
Gaeb, Berlin, through The Grayhawk Agency Ltd.
All rights reserved.

著作权合同登记图字：09-2023-0079

图书在版编目（CIP）数据

敏感与自我 /（德）斯文娅·弗拉斯珀勒著；许一
诺，包向飞译 . -- 上海：上海三联书店，2023.4

ISBN 978-7-5426-8067-9

Ⅰ . ①敏… Ⅱ . ①斯… ②许… ③包… Ⅲ . ①哲学－
通俗读物 Ⅳ . ① B-49

中国国家版本馆 CIP 数据核字 (2023) 第 057252 号

敏感与自我

[德] 斯文娅·弗拉斯珀勒 著　许一诺 包向飞 译

责任编辑：苗苏以
特约编辑：孔胜楠
封面设计：尚燕平
内文制作：陈基胜
责任校对：张大伟
责任印制：姚　军

出版发行 / 上海三联书店
　　　　（200030）上海市漕溪北路331号A座6楼
邮购电话 / 021-22895540
印　　刷 / 肥城新华印刷有限公司

版　　次 / 2023 年 4 月第 1 版
印　　次 / 2023 年 4 月第 1 次印刷
开　　本 / 1230mm×880mm　1/32
字　　数 / 168千字
印　　张 / 8.5
书　　号 / ISBN ISBN 978-7-5426-8067-9/B·830
定　　价 / 49.00元

如发现印装质量问题，影响阅读，请与印刷厂联系：0538-3460929

译者说明

　　本书是德国哲学家斯文娅·弗拉斯珀勒（Svenja Flaßpöhler）写的一本全方位探讨西方社会敏感性的书。阅读本书不需要读者有深厚的哲学修养，但如果读者对当代西方左翼政治中与性别、种族、语言相关的内容有所了解，将对阅读本书大有裨益。对于不甚了解这方面内容的读者，译者建议可先阅读译者所写的知识背景，再开始阅读本书。

　　译者建议读者从第一章开始阅读，而不是从导言开始。导言的许多概念，需要深入理解第一到九章的内容才能看懂。译者是翻译完第一到九章后才翻译导言的，同时译者猜测作者很可能也是最后才写导言的。因此，导言更像是"总结"而非"导言"。

　　本书原文使用尾注，不用脚注，多数情况下仅仅是用尾注指出引文来源。因此，一些实际上相当于注释的内容，在原文中以夹注或让步从句等形式出现。译者将一些偏离作者主要行文线索的内容，转变为"作者注"，置于脚注中。其余脚注，如无说明，则为译者所加。

本书原文的引文中常出现"..."符号，表示引文中一段的省略。然而，这并不意味着作者在断章取义，也不意味着译成中文后会出现语意不连贯的情况，因此译者在译文中并未加上这些省略号。作者通常会对引文做一些补充，以便读者理解其上下文。然而，这导致被引用者的文字与作者添补的文字混合在一起，翻译时译者不可能将这两者截然分开，只能尽可能处理成连贯的文字。因此，在译文的引号内，有一些内容是作者向引文中填补的内容，并非出自作者所引用的学者。如果读者想要引用本书的某段文字，并试图查明某段话是否连贯，是否完全出自被引用者，那么读者可参考本书的德文原文。标注的外文尽管取自原文，但有时不是照搬自原文，而是会按照变位变格规则改写成词典形式。

目 录

第十章 结论

导　言

社会的裂痕

感觉是纯粹的私人问题吗？从什么时候开始，触摸是一种（性）骚扰？多大程度的亲近是令人愉快的，因而是被允许的？"能说"和"不能说"[1]的界限又在哪里呢？什么样的言论会影响到人的尊严，什么样的言论能维护人的尊严？是否应该废除阳性泛指？[2]即使在引文中使用"Nigger"一词，也是冒犯吗？[3]在有争议的情况下，谁有裁判权？受影响者[4]会因为亲身经历过暴力（无论是口头的还是身体的）而比未受影响者更接近真相吗？脆弱性[5]是新的力量吗？

---

1 详见知识背景 4、13、16。
2 详见知识背景 1。
3 详见知识背景 16。
4 "受影响者"（Betroffene）在本书中指遭受过种族歧视、性骚扰、心理创伤等的人群。在本书中，"受影响者""受害者""弱势群体""被边缘化的群体""受压迫群体"是近义词。西方左翼在政治中强调，社会要保护和优待这些敏感群体。
5 译者用"脆弱性"来翻译 Verletzlichkeit、Verletzbarkeit、Verwundbarkeit、Vulnerabilität 等词，这些词的字面意思都是"易受伤害的"。

　　无论是 #MeToo 运动[1]还是"黑人的命也是命"运动[2]，无论是性别平等的语言[3]、触发警告[4]还是言论自由，无论是争取弱势群体被认可的斗争还是担心失去特权的人的敏感，其中显而易见的是，我们比以往任何时候都更忙于重新调整"什么是合理的（zumurbar）"界限。然而，相关话语正变得越来越固化：自由主义者和平等主义者、右翼和左翼、老年人和年轻人、受影响者和未受影响者都不可调和地对立起来。有些人说："你们是过度敏感的'雪花'。"对立方则反驳道："你们是在伤害和侮辱，你们的语言沾着血！"[5]这种针锋相对日益侵蚀着民主的话语文化，制造了贯穿社会的几乎无法弥合的裂痕。

　　更加紧迫的问题是：哪里可以找到出路？我建议双方各退一步，摆脱争论，我们来阐明一个与现代意义上的"主体"的起源密不可分的发展：自我和社会的日益敏感化（Sensibilisierung）。

主动敏感性与被动敏感性

　　"敏感的"（sensibel）一词的含义是"敏锐的（empfindlich）、

1　详见知识背景 4。
2　详见知识背景 17。
3　详见知识背景 1。
4　详见知识背景 20。
5　"雪花"（德文为 Schneeflocken，英文为 snowflakes）形容从未经历过生活的艰辛、成长于优渥环境的过于脆弱的年轻一代，详见第八章"'雪花'对抗'好吧潮生人'"一节。

可感的（fühlbar）、易于接受的（empfänglich）"。积极地看，此词通常是指显著的共情能力；消极地看，此词是指一个不适应生活的主体的过度敏感。回顾哲学史就会发现，这种积极意义和消极意义共存所造成的紧张关系有着悠久的传统。

早在中世纪，人们就区分了主动敏感性和被动敏感性[1]。主动敏感性是指对于世界感觉敏锐，有道德含义；被动敏感性是"接受者"的特性，是对外部刺激的反应。主动敏感性的意思类似于"拥有感觉的天赋"，一般地说，就是指有德行的（tugendhaft）、高尚的（edel）、善良的（gut）[2]、能接受上帝的真理的特质。在18世纪，主动敏感性被系统地阐述为道德情感。简而言之，当时的人认为主动敏感性是人自发地行善的自然秉赋。

另一方面，被动敏感性一般是指"能被人感觉到的情感"。在积极的意义上，人们把敏感性中被动的一面与"感动"（Rührung）等同起来，在感伤主义文学的时代尤其是这样。[3] 然而，在消极的意义上，敏感性主要被理解为"爱哭、轻微疯狂、怀有不现实的想法"，有时也被（例如托马斯·阿奎那[4]）理解为性服从。18世纪的唯物主义者把被动敏感性称为"生理的敏感性"

1　在下文中，作者还把主动敏感性称为"道德"（Moral），把被动敏感性称为"易激动性"（Reizbarkeit）。为了避免近义词过多，译者只使用"主动敏感性"和"被动敏感性"。

2　"edel"还有"高贵"的含义，此处的"gut"（善）与真（wahr）和美（schön）相对。

3　感伤主义是18世纪启蒙运动中的思想倾向，也常常指1740—1790年活跃的一个文学流派。

4　托马斯·阿奎那（Thomas von Aquin，1225—1274），中世纪著名神学家，被天主教会认为是历史上最伟大的神学家，代表作有《神学大全》等。

(sensibilité physique)，意思是"神经的易激动性"。

　　主动敏感性和被动敏感性往往是相辅相成的，如果我们审视当下，就能清楚地看到这一点：被认为是错误的和应受谴责的东西，通常也能刺激人的心灵；反之亦然，能刺激人的心灵的东西，通常也被认为是错误的和应受谴责的。尽管方式不同，但在所有政治阵营中都是如此。在右翼势力对所谓的"性别魔怔"等社会转型反应敏感时，他们不乏有针对性的仇恨言论，甚至还有具体的肢体暴力行为；而当左翼自由主义者的社会进步理念遭到质疑时，他们则表现得"皮肤薄"[1]，他们有时会系统性地抵制某些人，有时甚至会导致受抵制者被解雇[2]。

　　然而，这种主动敏感性和被动敏感性的相互联系绝不是新产生的，而是有哲学上的先例。例如，感觉敏锐的卢梭从他的灵魂最深处憎恶城市中泛滥的诸多刺激。在宁静安逸的巴黎郊区，卢梭发展了他的"人性善"的道德观。他认为，"性本善"的、富有同情心的人类需要被保护，免受有害的文明的影响（详见第三章）。如果你愿意的话，可以说蒙莫朗西[3]的乡村田园就是卢梭的"安全空间"。

1　"皮肤薄"（dünnhäutig）是德文中形容人过分敏感的说法。
2　详见知识背景 15。
3　蒙莫朗西（Montmorency）是法国法兰西岛大区瓦兹河谷省的一个市镇，1757—1762 年，卢梭曾隐居于此。

敏感性是一把双刃剑，这一见解为理解当下指明了道路，对于全书也是关键。敏感性可以分为向外的敏感性和向内的敏感性，连接的敏感性和分离的敏感性，解放的敏感性和压迫的敏感性。简而言之，敏感性带有暴力的一面，这一点在其历史起源中已经显现。而敏感性的发展则以强迫（Zwang）为前提。社会学家诺贝特·埃利亚斯[1]在其知名著作《文明的进程》（*Über den Prozeß der Zivilisation*，1939）中，追溯了人类行为的转变，令人印象深刻。埃利亚斯认为，在人类社会中存在着一种逐步增强的纪律约束（Disziplinierung），最初表现为吃饭和睡觉时的纪律，后来发展成复杂社会情景下的约束。这种纪律约束使人类行为越来越文雅精致，也使得人们对自己和他人的越界行为明显地越来越敏感。埃利亚斯认为，这种精致化的基本方法是"抑制本能"、"情感调节"、形成有自控力的超我。换句话说，为了变得敏感，我们必须驯服自己，"将外部强迫转化为自我强迫"，并形成有调节能力的羞耻感和尴尬感（详见第一章）。

埃利亚斯所说的，是"冷漠"[2]的纪律约束和"温暖"的敏感化的复杂交错，是规范化和羞耻的复杂交错，是自我控制和敏感的"世界感知与自我感知"的复杂交错。埃利亚斯明确指出，人类很难在不伤害自己的情况下满足文化需求。这一观察与精

1　诺贝特·埃利亚斯（Norbert Elias，1897—1990），德国社会学家，一生致力于"人的科学"的研究，试图整合社会学、心理学、历史学等学科，代表作有《文明的进程》《宫廷社会》《个体的社会》等。
2　本译文中的"冷漠""冷酷""冷静"，都对应原文的形容词"kalt"或名词"Kälte"。

神分析的核心见解不谋而合：不断推进的文明化进程有其黑暗的一面，这也表现在文明的脆弱性之中。

　　因此，敏感化作为一种历史进程，当然也有中断和矛盾。在 20 世纪，两次毁灭性的世界大战和纳粹对犹太人的屠杀，令人印象深刻地证明了人类固有的残酷，这种残酷在特定条件下就会爆发。历史学家赫尔穆特·莱特恩[1] 在其著作《冷静、冷漠、冷酷的行为教导》（*Verhaltenslehren der Kälte*）中，预见性地分析了两次世界大战之间的趋向疏远[2] 和内心装甲的行动指导[3]。同一时期的恩斯特·容格尔[4] 的著作可作为证据。同时，容格尔的笔记对于一些心理机制提供了深刻的见解，这些心理机制不仅使人们能够实施难以想象的暴力，还使人们能够忍受这种暴力。

　　此处触及了本书试图逐渐发掘出的一个关键点：莱特恩的思想传统中的"冷静、冷漠、冷酷"，决定性地导致了对韧性[5] 的

1　赫尔穆特·莱特恩（Helmut Lethen，1939— ），德国历史学家、文化学家，代表作有《冷静、冷漠、冷酷的行为教导》等。

2　"疏远"（Distanz）可以理解为冷漠之意。

3　"装甲"（Verpanzerung）可结合"甲壳"（Panzer）的隐喻来理解，详见第四章"冷面具与自我甲壳"一节。

4　恩斯特·容格尔（Ernst Jünger，1895—1998），德国作家。先后以军人身份参加第一次世界大战和第二次世界大战，是德语文坛最具争议的作家之一。代表作有《钢铁风暴》《在大理石悬崖上》等。

5　原文此处的"抵抗力量"（Widerstandskraft）和下文"抵抗能力"（Widerstandsfähigkeit）都是"韧性"的近义词。为了简化，译者将其均翻译为"韧性"。在当代心理治疗中，"韧性"还被翻译为"心理弹性"。

呼吁在我们的时代听起来坚硬[1]而不敏感，或者用克劳斯·特韦莱特[2]的话说，听起来是"男性化的"。特韦莱特在其著名的论著《男性幻想》（*Männerphantasien*）中认为，法西斯主义在"男性的装甲"（Verpanzerung des Mannes）和"用武力保护女性"中继续存在。法西斯主义可被描述为"男性暴力释放的产物"，是"资本主义和父权制条件下男人的正常情况"。特韦莱特称，两次世界大战中"接受过良好军事训练的男性"而今已成为"有毒的男性"[3]。

韧性和敏感性似乎不可调和地对立着，并且反映在政治立场的冲突中。在左翼政治的普遍认识中，韧性等同于麻木不仁[4]，等同于"不让某事物接近自己"。韧性被广泛地认为是一种男性化的、新自由主义的自我优化策略，与共情和团结不相容。

"韧性"（Resilienz）一词的词源似乎支持这种解释。该词可追溯到拉丁文词语"resilire"，其意义是"反弹、回弹"，其德语词形最早见于物理学，描述了身体在受到外部干扰变形后恢复到原来状态的特性。

但我在本书中将要展现，韧性和敏感性不一定是对立的。

1　本译文中的"坚硬"和"艰难"，都对应原文的形容词"hart"或名词"Härte"。"坚硬"的意思是自身韧性强，抵抗困境的能力强，但感受力不敏锐，对他人冷漠且严酷。"hart"与"敏感"（sensibel）、"柔和"（weich）、"精细"（fein）是反义词。

2　克劳斯·特韦莱特（Klaus Theweleit, 1942—　），德国文学理论家、作家，代表作有《男性幻想》等。

3　详见知识背景 3。

4　"麻木不仁"（Gefühllosigkeit）有"残暴"的含义。

仅当它们被绝对化时，它们才是对立的。在此背景下，我们要
提出这样的问题："冷静、冷漠、冷酷的学说"是否包含我们今
天需要重新发现的要点。如果我们尝试用西格蒙德·弗洛伊德
（Sigmund Freud）的观点来解读容格尔的著作，就会发现容格
尔在赞美战争和暴力之余，清晰地表述了一种生存冲动，而这
种生存冲动可以成为极其无力的创伤体验的救药（详见第四章
和第五章）。

仔细观察，弗里德里希·尼采（Friedrich Nietzsche）的著
作并不只是见证了一种对装甲的狂热。在尼采的著作中，高度
的脆弱性和可塑的韧性建立了一种不可分割的联系（详见第二
章）。对于敏感性和韧性之间的这种联系，本书会详加阐述。因
为如有可能结合韧性与敏感性的力量，目前分裂社会的冲突将
可能被扬弃，并成为二者之外的第三种东西。

从普遍和广泛的意义上说，敏感性和韧性之间的关系，要
比乍看起来辩证得多，这一点在文明进程中也有体现。城市化
和机械化使人们变得过于敏感且易受刺激，而他们的保护措施
就是在心理上与各种刺激隔绝。早在 20 世纪初，社会学家格奥
尔格·齐美尔[1]就诊断出大城市人的"囊泡化"。"小囊泡"屏蔽
了外界的许多刺激以及各种可能的要求，使人能够承受这些刺

1　格奥尔格·齐美尔（Georg Simmel，1858—1918），德国哲学家、社会学家，形
　式社会学的开创者，19 世纪末 20 世纪初反实证主义社会学思潮的主要代表之一。
　著有《社会是如何可能的》《货币哲学》等。

激，形成一个内在的自由空间。保罗·瓦莱里[1]做出了非常类似的诊断，他写道："在经历了一个敏感化阶段之后，现代人的敏感性正在减弱，持续的过度刺激最终导致了迟钝。"这句话对于当今似乎比以往任何时候都更贴切，当今大部分人甚至没有用眼角余光去感知他们的环境，而是牢牢地盯着他们的智能手机屏幕。

　　过度刺激和去敏感化是一个硬币的两面。在这一背景下，我们也可以从另一视角看待当代人背离敏感的现象。社会上某些人对少数群体最近提出的要求十分漠然，这与齐美尔所说的"囊泡化"的大城市人在遭受过度刺激后愈加迟钝是类似的。相反地，对歧视性含义的觉醒的（woke）[2]感知，和对"政治正确"的语言符码的相应掌握，有时体现出一种"囊泡化"的傲慢，这种傲慢像保护膜一样掩盖着少数群体自身的脆弱性。

　　回顾历史，我们可以观察到，在极端暴力的阶段之后，社会会决定性地向敏感化迈进。因此，在 20 世纪最严重的全球犯罪中，"冷静、冷漠、冷酷的学说"达到了可怕的高潮，但也引向了或许是人类历史上最大的敏感化浪潮。毕竟，两次世界大

1　保罗·瓦莱里（Paul Valéry, 1871—1945），法国诗人、哲学家。他的诗充满哲理，倾向于表达内心真实，追求形式的完美。作品有《旧诗稿》《年轻的命运女神》《幻美集》等。
2　详见知识背景 18。

战的经历和对欧洲犹太人的系统性屠杀,催生了包括1949年《德意志联邦共和国基本法》在内的许多文明进步。这部法律的第1条写道:"人的尊严不可触犯。"这句话指出,无论是国家还是其他任何人,都无权触犯人的尊严。"触犯",如果复原其隐喻的原始形象,也就是"触碰"[1]。

触觉(Tastsinn)和得体感(Takt),最精细的运动技能(Feinmotorik)和精微细致的感觉(Fingerspitzengefühl),在这个如此感性的表述中汇聚成不可侵犯的尊严。关于硬化[2]和装甲的要求,已经成为过往历史的一章,这对于文明的发展而言是一件好事。从现在起,决定人类前途命运的是敏感性,敏感性将把保护主体的空间从躯体之内扩展到躯体之外。事实上,《德意志联邦共和国基本法》所说的"保护人的尊严",不仅仅是指保护人们免受身体暴力。的确,究竟什么是人的尊严?什么触碰甚至侵犯了人的尊严?从字面上看,何时一个人离另一个人太近,以至越过了尊严的界限,绝不是一成不变或精确划定的,而是取决于社会的敏感程度。人们对此往往争议很大,并且人们的观点随着时间会有很大的变化。直到几年前,实打实的暴力还是性犯罪法的核心,自2016年的性刑法改革以来,即使是一个被误解的意愿也会带来法律后果。[3]在人类历史上,很长

---

1 "触犯"(antasten)和"触碰"(berühren)在德文中都有物理的"触摸、碰到"的含义。
2 硬化(Verhärtung)指心灵变得韧性强、勇敢,但同时也变得冷酷、麻木。详见第四章第二节。
3 详见知识背景7。

一段时间里，谈论"女性"和"男性"，并赋予他们某些生物特征，被认为是没有问题的，如今却被视为"对跨性别者有敌意的"（transfeindlich），即对不适用于男女性别二分法的人群的歧视。在 20 世纪 90 年代之前，用 Nigger 来指代巧克力包着的糖块是没什么问题的，而如今 Nigger 却被明确认为是种族歧视和冒犯性的，是一种不可接受的语言暴力形式。

不可否认，社会的敏感性是文明进步的一个重要因素。多元的、高度复杂的、分化的社会，由于其空间上的集中，从根本上依靠每个人能够敏感地感知自己和他人的关切来维系。然而，我们目前正经历着敏感性从一种建设性力量向一种破坏性力量的转变。敏感不是连接我们，而是分裂我们。敏感性把社会分成了若干群体，在某些群体相互对抗的前线，双方甚至都将敏感性作为一种武器来使用。

利用敏感性进行斗争的核心，是这样一个问题：究竟是个人需要努力使自己变得更有韧性，还是其周围的世界需要改变？戏剧台词中的 Nigger 仅仅是艺术（因而是合理的），还是不合理的种族主义？男性在酒店吧台旁搭讪女性，男性瞅一眼女性的胸，或者男老板对女职员的一句恭维，是情爱游戏的一部分，还是令人难以容忍的性别歧视？我们是否将成为"豌豆公主"，甚至不能接受最小的干扰？或者，这些所谓的小事是否反映了一种结构性暴力，而社会应当用一切手段来惩治这种暴力？更尖锐地说：什么时候需要个人进化，什么时候需要社会革命？

什么时候我们需要韧性，什么时候我们需要社会条件的转变？

到目前为止，这些问题似乎没有真正令人满意的答案。美国哲学家朱迪斯·巴特勒[1]明确地站在社会革命一边（尽管我将展现，她的立场中有一种彻底的二义性[2]），她说："当有人被种族主义或恐同症的言论或行为伤害，尽管这是一种个人经验，但这一行为及其效果激活了一种社会结构。性骚扰也是如此，尽管骚扰总是有个人的行为形式，但这种行为形式映射在社会结构上，并再现着社会结构。"巴特勒这番话切中要害的一点是，侵犯行为绝非总是个人心理方面的问题，而是可能远远超出这一点。事实上，巴特勒并没有澄清到底是什么样的社会结构开启了种族主义、恐同症、性别歧视。"你从哪里来？"是一个种族主义的问题，还是一个无害的、关切的询问？性别歧视从哪里开始？是从摸屁股开始还是从使用阳性泛指开始？孩子的父母是"两个同性"还是"一男一女"，坚持认为二者有别，是恐同症的反应，还是只是一种无涉价值的区分？一个群体中并非所有成员都有相同的感受，一些人认为不合理的东西［如"黑色的"（schwarz）一词］，对于另一些人来说是一种合适的认同

1　朱迪斯·巴特勒（Judith Butler，1956— ），美国哲学家，当代最著名的后现代主义思想家之一，研究领域包括女性主义批评、性别研究、当代政治哲学和伦理学等。代表作有《性别麻烦》《消解性别》《身体之重》等。

2　"二义性"对应的形容词是 ambivalent，名词是 Ambivalenz。本书中"二义性"有时指某件事物内部有自相矛盾的东西（贬义），有时指某件事物有两重相反相成的意蕴（褒义）。"二义性"是"辩证性"（dialektisch）的近义词，其褒贬取决于上下文。

手段，那么我们如何处理？

社会学家安德雷亚斯·莱克维茨[1]与巴特勒的立场不同，他更倾向于个人进化。莱克维茨明确地欢迎社会的日益敏感化，并指出这带来了精细化的认知。这种精细化的认知不仅针对积极的感情，也针对二义性的和消极的感情。莱克维茨认为，如今我们不再乐意接受不愉快的感情。他指出了蓬勃发展的积极心理学中存在的问题："（积极心理学）尽管强调敏感性，但只将其与积极的感情联系起来；尽管强调敏感性，但只将其作为一种对形态优美的审美形式的感受力，一种和睦、周到的共存感，一种塑造身心幸福的感觉。这不过是一种感觉良好的敏感性。"

尽管莱克维茨的这一观察令人大开眼界，但它留下了被人批判的把柄。批评者会问：难道要告诉一个因为肤色而在上班路上遭受辱骂的有色人种女性，说她必须对负面情绪持开放态度，并学会承受？这显然不是莱克维茨的原意。仔细观察会发现，巴特勒和莱克维茨的思想碰撞会造成更加复杂的冲突：不是每一种痛苦都必须忍受，但也不是每一种痛苦都必须在社会上加以预防。

本书并不妄图建立合理性的最终公式（即判定哪些行为

1　安德雷亚斯·莱克维茨（Andreas Reckwitz, 1970— ），德国社会学家、文化学家，著有《独异性社会》等。

是允许的，哪些是不允许的）。相反地，本书恰恰试图在双方阵营的前线，都找到敏感性的绝对化倾向中的不合理之处：绝对化的韧性是不合理的，因为它反弹他人的要求；绝对化的敏感性也是不合理的，因为它把人降格为一个需要保护的、不知如何自助的脆弱生命。合理性的界限在这两极之间的张力场内运行，并展现着自我和世界之间有待被发现的新关系（详见第十章）。

身体、心理、道德、审美：敏感性的四个维度

本节的重点是敏感性的四个维度。我不会用这四个维度来划分本书的内容，因为它们是密切相关、相互重叠、相互渗透的。然而，指出这四个维度，有助于把本书谈论的对象领域系统化。

身体敏感性

身体敏感性使我们对疼痛和异物越来越敏感，也使我们能够一次又一次地测量与对方的合理距离。#MeToo 运动是一个鲜明的例子，其全球影响力说明，与 20 世纪相比，近年来人们对性骚扰的意识更加敏感了。在新冠大流行中，"对触摸的恐惧"（用埃利亚斯·卡内蒂[1]的说法）获得了病毒学上的合法性，因为与

1　埃利亚斯·卡内蒂（Elias Canetti, 1905—1994），英籍犹太裔作家、社会学家，诺贝尔文学奖获得者，终生以德语写作，著有多种体裁的作品，包括小说《迷惘》、散文《耳证人》、理论著作《群众与权力》等。

他人保持合适距离成为字面上的"折尺的事情"[1]。

心理敏感性

心理敏感性产生于外部强迫向自我强迫转化的历史。与身体敏感性一样，心理敏感性也伴随着易受刺激性和敏锐的感觉。历史上，暴力的概念从外在的暴力，扩大到包括冒犯性的语言和图像等，对于我们理解心理敏感性至关重要，因为这种概念的扩大不可避免地导致人们容忍外部影响的阈值降低。贬义词"雪花"将心理的敏感性理解为所谓的"高度敏感"，并将其变为一个极具争议的概念。那些认为自己独一无二、无法忍受相反意见、对外界的刺激和动作极其敏感的人，被贬称为"雪花"。此外，关于触发警告、语言敏感性的辩论，以及社会独异化[2]的趋势，也属于心理敏感性的内容。

道德敏感性

18 世纪，道德敏感性在哲学和文学中发展起来。一般来说，它指的是与他人共情的能力。在历史学家林恩·亨特[3]看来，18世纪以下几件事同期发生，绝非偶然：首先，共情成为哲学系统

1　折尺是一种 W 形的尺子。这里是指此时"与他人保持合适距离"不再是隐喻一种心理距离，而是指一种物理距离，比如人与人之间要间隔 1.5 米。

2　详见第八章"高度敏感与独异者范式"一节。

3　林恩·亨特（Lynn Hunt, 1945— ），美国历史学家，研究领域为法国大革命、性别史、文化史和史学史。代表作有《新文化史》《法国大革命中的政治、文化和阶级》《法国大革命时期的家庭罗曼史》等。

性研究的对象；其次，在让-雅克·卢梭（Jean-Jacques Rousseau）的书信体小说中，以及塞缪尔·理查森[1]的小说中，作者使读者与受苦的女性角色产生深深的认同；再次，人权的概念被广泛阐释并被写入法律。如果没有这种形式的敏感性，"黑人的命也是命"和 #MeToo 这样的全球性运动，以及规模稍小的对跨性别群体的声援，都是不可想象的。

审美敏感性

审美敏感性是对美和丑的敏感，包括"视觉人"[2]（按照埃利亚斯·卡内蒂的说法）的升华的快乐，以及现代晚期人对独异性和"共鸣"的欲望[3]。社会学家哈特穆特·罗萨[4]在其《共鸣》（Resonanz）一书中分析了人们对一个有回应的世界的渴望，这个世界不会让人感到冷漠，而是能触动人们。他还认为，审美经验即共鸣经验。

本书的目的

读者不应期待从本书中找到一个行为准则，而应期待作者

---

1 塞缪尔·理查森（Samuel Richardson，1689—1761），英国作家，关注婚姻道德问题，代表作有《克拉丽莎》《帕米拉》等，他的作品《帕米拉》开创了英国感伤主义文学的先河。
2 "视觉人"（Augenmensch）是容易对图像留下深刻印象的人。
3 详见第八章"共鸣敏感性"一节。
4 哈特穆特·罗萨（Hartmut Rosa，1965— ），德国社会学家、政治学家，研究包括政治哲学、批判理论、社会学理论等。代表作有《加速》《共鸣》等。

对敏感性的全面的科学研究。本书立足于当下，并联系了上述问题的具体情况。只有更深入地了解当代社会日益敏感的情况，才能认识到敏感化过程的进步趋势和退步趋势。本书的目的是辩证地阐明敏感性，并重塑敏感性与韧性的关系，从而找到我们时代危机的出路。

第一章

敏感化的过程

诺贝特·埃利亚斯的文明史

当代的文明是在历经了漫长的野蛮时代后才发展出来的，在此过程中，人类的敏感性逐渐发展起来。社会学家诺贝特·埃利亚斯在其名著《文明的进程》中，从餐桌礼仪、卫生习惯、婚姻习俗等实践出发，详细而具体地描述了文明的发展。此处，让我们玩一个跨越几百年的思想小游戏，来具体说明人类在过去几个世纪中走过的通向文明的道路。

首先，想象我们身处欧洲中世纪的 11 世纪，有一个约 30 岁的男子叫约翰，我们借助埃利亚斯书中的描述，推断出他的生活样貌。

约翰是一名骑士，他从童年就开始进行军事训练。暴力是他生活的一部分，他只知道使用暴力。在他的世界里，体贴或关怀，以及当今常见的某些基本行为规范，是罕见的。在约翰看来，用手擤鼻涕是理所当然的。他还会用擤过鼻涕的那只手直接从桌子中间的盘子里拿肉吃。盘子上摆着刚刚被宰杀并被切开的动物。约翰不用叉子或勺子，也不用手帕，而是用自己的战刀把食物塞到嘴里。他总是带着这把刀，这有着充分的理由，因为他随时要御敌。每当约翰饿了，他就大口吃肉，贪婪地把他咬过的那块肉蘸到与他人共用的酱碗里。他吃饭时，一边吧唧嘴，一边发出鼻吸声，还时不时吐口水，和人交谈时也口无遮拦。如果饭菜不合胃口，他就直说。对于所有话题，无论是否会刺激他人，约翰总是话到嘴边就说出来。即使他人听后受到了伤害，这也在约翰的感知阈值之下。约翰与邻座共用杯子，常有面包屑和食物残渣漂浮在饮品中，但约翰对此并不在意。每当约翰想拉屎，他就往过道一蹲。晚上被尿憋醒，他就在卧室的角落里撒尿，至于是否会被人看到，他并不在乎。同样，即使别人看到他的裸体，他也不在乎。在那个年代，在社会地位低下的人面前展示裸体，是完全正常的。洗澡时，约翰被女人们伺候着。临睡前，约翰要喝酒，这酒也是女人们端给他的。睡前酒对约翰有一些好处，因为约翰在性方面并不节制。埃利亚斯在《文明的进程》第一卷中写道："这并不令人尴尬，这是世界自然的和不言而喻的秩序，战士们是高贵的人，有闲暇，要享受，其他人要为他们工作。"在另一处，埃利亚斯写道："当时，人与人之间缺乏区分[1]。"几页之后，他更加明确地写道："骑士们的情感满足于'知晓自己与其他人的不同'，看到这种悬殊，就会增加他们生活的乐趣。"

---

[1] 这里所说的"区分"对应原文的"Identifizierung"，此词有认同、同一性、身份、区分等含义。

约翰结婚时，按照习俗，他与配偶克里斯蒂亚娜在洞房里、在证人面前进行性行为。在当时，只有这样，婚姻才是有效的（这叫作"一旦上过床，权利就得到了"）。

作为一名骑士，约翰完全为了战斗而生活和奋斗。唯一令他真正担心的，是被更强大的人打败。对于约翰而言，坚硬和韧性是生存所必需的。与此同时，当约翰做出残暴行为时，无人制止，也无人对软弱无力之人施以援手。约翰掠夺教堂，强奸妇女，折磨寡妇与孤儿，截断被他所杀者的尸体。有一次，在一个修道院里，他砍掉了 150 个男女的手，还挤压出他们的眼睛。顺便说一下，他的配偶克里斯蒂亚娜并不比他对于血腥更加敏感，相反地，她割下卑微的妇女的乳房，或者拔去她们的指甲。对于约翰来说，随时动用暴力不仅关乎生存，还充满了快乐。没有战争时，约翰就在马上比武中厮杀，其残酷程度丝毫不亚于战争。在这个时代，谁不"嗜好"杀戮，很快就会死去。

在这种背景下，约翰显然对周遭的美毫无感觉，也不可能有感觉。对于约翰来说，自然界是危险的，而且随时可能有伏击，必须及早发现。在树林里或空旷的田野上，约翰只知道侦察敌情。

敏感的自我

让我们从中世纪回到当代。大约 1000 年后，约翰投胎成为了另一个人，名叫扬。扬生活在一个大城市，已婚，有两个上小学的孩子。扬在社会中属于中上阶层。

　　扬小的时候从未被打过。他永远不会想到去打他的孩子，当孩子们有过错时，他自然地会用促膝交谈的方式。他愿意为孩子们投入时间，他常拥抱孩子们，并与他们长时间交谈，也能置身于孩子们的世界去思考和感受。当扬给他6岁的女儿读《长袜子皮皮》时（所用的版本就是他自己小时候用的那个版本），他省略了"Nigger"一词，改为"南海王"（Südseekönig）。于是，"Nigger"这个从几个世纪前至今被用于贬低黑人的词，甚至都没有进入他女儿的词汇。扬坚信应该从文化记忆中抹去"Nigger"这个冒犯性的词。扬从原则上尊重他人的脆弱性，试图共情[1]他们的痛苦，而不是对这种痛苦进行评判。

　　扬在文理中学教德文和政治，这使得他可以经常待在家里[2]，照顾家里的事情。扬喜欢做饭，出于道德原因，他只吃素食。当朋友们问起他的素食主义时，他说："动物是有能力承受精神痛苦的生物，动物的内心深处有一种迫切的求生意志，这是一个事实。除了放弃吃动物，还有什么别的解决方式吗？"

　　扬的妻子蒂内是全职的电台编辑，在工作日要到吃晚饭时

1　在本译文中，"共情"对应 Einfühlung、Empathie、nachempfinden、Mitgefühl、mitfühlen、sympathisieren 等词。在心理学中，一般要对"共情"和"同情"的概念做出区分。在德文中，一般词根中有表"进入"含义的词，如 Einfühlung 和 Empathie，表达的是"共情"，而词根中有表"与……一起"含义的词，如 mitfühlen，表达的是"同情"。但在本书中，作者并没有对此做严格区分。为了避免术语的误解，译者将这些表达全部统一为"共情"或"共情力"，而不使用"同情"或"同理心"等译法。

2　德国文理中学教师一周的平均工作时间在 45 小时以上，从下文强调扬的妻子是全职工作来看，扬的工作是兼职的。

才能回到家。通过蒂内，扬在多年前就意识到阳性泛指的问题。阳性泛指尽管原本只涉及语法中的阴性和阳性，不涉及男性和女性的区分，但往往在对人的想象中只能唤起对男性的想象。向扬讲解阳性泛指现象时，蒂内问他："当你听到'所有学生因天气炎热而放假'这句话时，你会想到什么？会想到女学生还是男学生？"[1]

从那时起，扬开始用下画线形式[2]替代阳性泛指，与蒂内在她的广播中的处理一样。当要代指高年级学生萨沙和阿莱克斯[3]时，扬在会议上会说"Schüler_innen"，这个词不是基于"男女"的性别二分法，不能被理解为单指男性或单指女性。几个月前在教师休息室，扬向嘲笑他的语言用法的年纪稍大的男同事们解释说："下画线形式为第三、第四、第五性别[4]提供了空间，顽固地坚持性别二分法是'跨性别恐惧症'（transphobisch）。"有人嘲笑说，作为一名德文教师，扬应该能感受到语言的美感，而语言的美感会被这种所谓的"新话"（Neusprech）[5]破坏。扬回

1　"所有学生因天气炎热而放假"这句话的原文是："Alle Schüler haben heute hitzefrei.",其中，"Schüler"是德文中"学生"一词的复数形式，但这个形式与"学生"一词的阳性形式是重合的。德文中表达"女学生们"的说法是"Schülerinnen"。按照性别平等的语言要求，此处这条通知可以表述为："Alle Schüler_innen haben heute hitzefrei."。详见知识背景 1。

2　"下画线形式"指用 Schüler_innen 表示"学生们"的用法。下画线不仅体现在书写上，其读法也常与 Schülerinnen（女学生们）不同：Schüler_innen 读如 Schüler Innen。详见知识背景 1。

3　"萨沙"（Sascha）是女名，"阿莱克斯"（Alex）是男名。

4　详见知识背景 2。

5　详见知识背景 14。

应说：“如果美感只是不公的遮羞布，那么它是否最终会被伦理击败，又有什么大不了的呢？我们的历史是残酷的、父权制的，这一点在语言中也尤为明显，那么我希望使用一种照顾到各种性别的语言，又有什么错呢？”顺便说一句，由于他的同事听后陷入了紧张和沉默，扬补充说：“我的孩子们也正是因此而使用他们母亲的姓氏。毕竟，父系传递姓氏的传统已经足够长了，而且用母亲的姓氏也没什么大不了的。即使没有姓氏的象征意义，我和孩子们在情感上也是紧密地联系在一起的。”扬的同事只得开玩笑说：“你是否更愿意穿裙子？”但没有提出任何理性的论点来反驳。

出于信念和共情，扬声援[1]#MeToo 运动，尽管他很清楚，他参与这些运动的难处在于，作为一个男性，他无法真正了解女性的感受，因此无法站在女性的角度发表意见。扬的妻子蒂内也经历过性骚扰。发生性骚扰时，她还是一名实习生，而骚扰者是一名即将退休的男编辑。#MeToo 运动刚兴起时，在一个夜晚，蒂内喝着红酒告诉扬，当时那位男编辑的手貌似不小心地拂过她的胸部，她永远不会忘记那人的志在必得的笑。扬和蒂内都认为，把灭杀“有毒的男性气质”[2]作为当务之急，并保护

1　译文中的“声援”和“团结”，均对应原文的“Solidarität”（或其动词形式 solidarisieren）。Solidarität 的意思是“与某人或某个群体站在一起、休戚与共”，在当今，它还有一个具体的含义：在推特等社交媒体上，给推文带上一个话题标签（Hashtag）就表示声援某群体。例如：在 #MeToo 运动时期，给推文加上 #MeToo 的话题标签就表示声援被性侵的女性。

2　详见知识背景 3。

女性免受其害，是一件好事，也是一件正确的事。

如今，扬和蒂内不再像之前一样经常睡在一起。由于孩子的出生，蒂内的身体感觉发生了变化。自从成了母亲，孩子们寻求与她亲近，蒂内就很少感受到性欲了，她需要与扬保持更多的身体距离。扬尽管有时会怀念触摸和性爱，但对此也很能理解。扬晚上在床上轻轻抚摸蒂内的上臂，但当他的触摸没有得到回应时，他会温柔地说"晚安"。毕竟，如果他无视妻子的意愿[1]，那么他成了什么人了！

扬知道，他自身有一种和谐的需要，只有整个过程自然而然时，他才感觉舒畅。出于这个原因，扬还认为，在新冠疫情的高潮期，相应的限制[2]与其说是对个人自由的侵犯，不如说是让全人类共同参与一个项目。在他看来，戴上口罩、保持距离、相互体贴是一个机会，最终让团结、共情、关怀等价值观深深地扎根于社会。这些价值观甚至跨越了国界，扬心想，难道病毒没有让人们看到我们彼此之间的联系吗，难道人类没有意识到自身如今仍然是多么脆弱吗？

扬甚至在新冠疫情之前就知道这一点，还曾经深切地体验过。2015年，当难民来到德国时，扬清楚地认识到他们的困境，并在家中厨房的桌旁教三个心理受过严重创伤的叙利亚青年学德文。顺便说一句，扬用"Geflüchtete"一词来指难民，而避

1　从1997年7月4日起，婚内强奸（Vergewaltigung in der Ehe）在德国是触犯刑法的，且属于公诉犯罪。

2　详见知识背景21。

免使用"Flüchtlinge"一词，因为 Flüchtlinge 有一个指小词尾
"ling"，通常带有贬义。[1]

　　扬并不过分看重他的自我。尽管如此，他对自己的身体有
着强烈的感觉，他呵护并倾听着自己的身体。为了保护自己的
身体，也为了保护环境，扬不抽烟，也很少喝酒。他每周到公
园跑步三次，每次 40 分钟。当他筋疲力尽时，就早早上床，睡
个好觉。一年前，因为慢性背痛，他和蒂内买了乳胶床垫，他
觉得物有所值。设计与家人共享的生活空间，对扬来说也不是
一桩小事，而是对家庭幸福和家人之间的相处至关重要的事。
扬与蒂内一起，以极大的（对于环境的）敏感，设计了这间住宅。
他们用的家具都不是批量生产的成品，而是由具有环保意识的
木匠用旧木地板打造的。扬和蒂内都是"视觉人"，他们对大自
然的美有着敏锐的鉴赏力。为了保护生态，他们没有买私家车，
而是经常全家乘坐连通大城市和郊区的快速列车，或骑自行车
到城郊的乡村去游泳或漫游。同时，通过这些环保的出行方式，
他们也让孩子们对气候变化造成的损害有所了解。扬经常问儿
子："你看到干燥的树顶了吗？你看到湖中的低水位了吗？"这
样的问题让他的儿子忧心忡忡。他的儿子从他那里得知，人类
是一个敏感系统的一部分，如果人类自己想生存，就不能破坏

1　指小词尾带有贬义，可以用中文类比如下：用"Geflüchtete"对应"逃亡者"，
　　用"Flüchtlinge"对应"逃亡仔"，"逃亡仔"中的"仔"是一个带有贬义的指小词。
　　尽管如此，截至译者翻译时，以 Geflüchtete 替换 Flüchtlinge 并未上升为一种被
　　公认为合理的德文规范。

这个系统。这几个星期，这个 8 岁的孩子在放学回家后，都会主动地用一个绿色水壶给屋前的椴树浇水。

行为的精致化

上一节的描述应该足以让过去几个世纪的发展变得具体可感了。从约翰到扬，是从一个贪婪的肉食者到一个谨慎的素食者，是从一个无情的强奸犯到一个对语言敏感的女性主义者，是从一个虐待狂征服者到一个富有共情力的难民帮助者和环保主义者，是从一个在角落里拉屎、用手擤鼻涕的人到一个精心布置房间的美学家。这对人类来说是多么巨大的转变啊！用埃利亚斯的关键词来说，这是多么强的"情感调节"（Affektregulierung）和"抑制本能"（Dämpfung der Triebe）的能力啊！正如埃利亚斯所说，文化成就导致了"人类行为和感觉向一个非常具体的方向转变"，这个方向就是对自我日益增强的惩戒[1]和敏感化。

根据埃利亚斯的说法，中世纪骑士约翰其实是最后一批麻木不仁和粗暴的人。埃利亚斯从当时的教育书籍和餐桌礼仪中推断，13 世纪出现了一种更强的外部压力，促使人们相互拉拢、相互退让。一个主要原因是，原本无拘无束的骑士，逐渐成为

---

[1] 在本译文中，为了保持术语前后一致，"惩戒"与原文中的"Disziplinierung"一一对应。"Disziplinierung"还可以翻译成"惩罚""约束""驯化""规范化""纪律化"等。

有修养的宫廷贵族。从 12 世纪开始，骑士们越来越多地把自己局限在宫廷内，从而成了彻头彻尾被豢养的骑士。宫廷给了骑士更多的身体和生命安全保障，但同时也要求他们的行为更精致，这是一种字面意义上的"礼貌化 / 宫廷化"（Verhöflichung）。埃利亚斯所依据的文献是 13 世纪诗人坦豪泽[1] 所写的《宫廷规矩》（Hofzucht），以及后来的人文主义者鹿特丹的伊拉斯谟[2] 所写的《论男孩们的教养》（De Civilitate Morum Puerilium）。根据这些文献，埃利亚斯指出，宫廷里的人们，在复杂关系交织的环境中感受到依附性和压力，他们被教导要对自身散发的气味、造成的噪声、违反规矩和侵略性的行为更加敏感。

　　侵略性行为的一个典型例子，是刀的使用。刀不仅是一种真正用于厮杀的武器，还主要是人类进攻欲望的象征。在中世纪宫廷中，刀的使用越来越受到限制和打压。早在 16 世纪就有人建议，一个人在把刀递给另一个人时，应该将刀柄而不是刀尖朝向对方。即便在今天，用刀切鸡蛋或土豆也被认为是不礼貌的，一般只在绝对必要时才使用。同样，把刀送给朋友也是不合适的。在文明的进程中，刀这种物品越来越成为禁忌，因为刀的使用唤起了人们对过去时代的负面联想。

1　坦豪泽（Tannhäuser，约 1230—约 1265），德国中世纪诗人，写作恋歌和格言诗。
2　鹿特丹的伊拉斯谟（Erasmus von Rotterdam，1466—1536），荷兰人文主义学者，代表作有《愚人颂》等。

惩戒与敏感性

通过上一节所述的方式，外部的暴力逐渐被内部的暴力取代：理智方面，宫廷中的人们被迫追求"长远的眼光"和"中和的情感"；情感方面，他们建立起羞耻感和尴尬感。冷酷的理性和灼热的羞耻（Scham）、惩戒和敏感性，正如埃利亚斯所说，是"同一心理转变的不同方面"。促使宫廷中的人们服从这一转变的重要推动力，是人们希望从宫廷获取经济优势和谋生机会，而更具决定性的原因是"为了维护威仪"：宫廷中聚集的人群越是多样化，个人就越加迫切地希望进入"高高在上"的阶级并保持住这种地位。

因此，简单地说，宫廷中的人们通过提高对不道德行为的敏感性来区分尊卑。顺承这一逻辑，"敏感性"的概念在17世纪被赋予了新的用法，它被用来指宫廷贵族（尤其是在法国）的合乎道德和礼仪的品质。

国家的形成和国家对暴力的垄断，不可阻挡地使日常生活变得平和，使阶级之间相互交融。相应地，敏感化进程也持续推进：贵族的敏感化向下传播到平民阶级，在平民阶级中，敏感化作为强烈的区分尊卑的愿望，又重新影响到社会上层。精致化是由两个相互促进的因素共同推动的过程：一个因素是，各种亲密关系被从公共领域驱逐到私人领域；另一个因素是，各种行为，不论是饮食方面的还是性方面的，变得越来越精致。对此，埃利亚斯写道：

越是减弱个人行为的强烈反差,越是抑制和转移欲望的剧烈爆发,人对于行为的细微差别就越是敏感,对于小幅度的姿态就越是感觉敏锐,对于自己和世界的体验就越是分层。这些分层,在过去情感不受抑制的年代,根本进入不了人的意识。

在工业化进程中,工作流程越来越复杂,竞争压力越来越大,城市越来越大,人口密度越来越高,自我控制带来的敏感性成为社会正常运转的润滑剂。相应地,敏感性不再是为少数贵族精英预定的特征。到了 18 世纪,启蒙哲学家让-雅克·卢梭就认为敏感性是每个人都有的能力。[1]

但是,正如埃利亚斯明确指出的,人们不应屈从于"文明进程业已完成"的幻觉。埃利亚斯认为,人类被深刻的内在冲突折磨,这种冲突产生自一种情感调节,这种情感调节伴随着羞耻感,并且是持久的,"无论在工作中、交际中、做爱中,都是如此"。只要对自身的侵略性、内在冲动、各种情感的恐惧支配着人,文明就会一直是一个过程。只有当我们找到了"人的各项社会任务之间的和谐",找到了"人的社会存在的全部要求和他的个人倾向与需要之间的和谐"时,这一过程才会完结。

---

1 但卢梭认为敏感性不在宫廷矫揉造作的世界中,而在自然的向善倾向中(详见第三章)。——作者注

高潮即转折点？

埃利亚斯在 20 世纪 30 年代写了《文明的进程》，该书于 1939 年出版，当时的纪律、性道德、习俗都要严格得多。这时，让我们再想想扬。生活在当代的扬是个敏感的人，他深深地认识到某些话语是冒犯性的，并避免使用这些话语，还敏感地感知躺在他身旁的妻子的心情。扬对于自身的与他人的需要与界限一样敏感，这体现在身体上、心理上、道德上。扬还极好地体现了审美敏感性的文明成就，即"视觉的乐趣"（Augenlust）。当自然和环境不再构成威胁，而是向审美感知开放时，人类首次得以感受和培养出一种视觉的乐趣。与其他许多乐趣相比，这种乐趣是很有文化价值的。扬对美和独特性很敏感，于是将这种乐趣转化到他日常居住的空间（也就是他的家）中。扬的个人倾向几乎与社会要求完全吻合。与 20 世纪 30 年代相比，当今的社会要求远没有那么僵化，为个人设计留下了更多的空间。

那么，冷漠的惩戒是否已经完全扩散为温暖的敏感性？像扬这样的人，难道不标志着埃利亚斯在 20 世纪 30 年代所描述的文明化进程的终结吗？（尽管当时这一进程仍然被埃利亚斯描述为一个持续着的进程。）作为一个在身体、心理、道德、审美方面都敏感的当代人，扬难道不是完善的文明的证明吗？避免他人的痛苦、尊重与体贴他人、敏锐地感受自身的和他人的需求、了解人际界限与他人的脆弱性——谁会不把这些理想和品质描述为人性的巅峰呢？（详见第三章）

　　然而，仔细观察后会发现，现代晚期人绝非都像扬这样没有矛盾。即使在 21 世纪，人们也不得不克制自己的冲动，调节自己的情绪。惩戒会继续影响人们，即使人们不再能清楚地看到和感受到它。某一行为越是敏感，其社会约束就越强烈地被内化。用精神分析学家雅克·拉康[1]的话说，大概是：当代人自己的愿望也总是社会的愿望，社会的要求已经融入人的血肉。

　　那么，如何才能把握扬和蒂内所体现的敏感性呢？对此，理查德·桑内特[2]提供了一条重要提示："从某种意义上说，西方社会正在从外部主导的关系走向内部主导的关系。"这位哲学家还说："感情，而不是普遍有效的公共互动形式，正越来越多地指导着行动。"于是，我们不禁要问：是什么伤害了我或他人？什么时候某人冒犯了我，什么时候某人又冒犯了他人？社会的规范和形式在何处凌驾于人（或一般意义上的生物）的个体特性和易受特定事物伤害的脆弱性之上？

　　按照内部主导的逻辑，作为一个超越个人的系统，语言也被认为是有冒犯性的，因为具有普遍约束力的事物与渴望真切表征的亲密需要相矛盾。语言的规则不再容许自由的游戏，而是被视为对自我的伤害和蔑视。[3]

1　雅克·拉康（Jacques Lacan，1901—1981），法国精神分析学家，从语言学出发来解释弗洛伊德的学说。著有《父亲的姓名》《康德同萨德》等。
2　理查德·桑内特（Richard Sennett，1943— ），美国社会学家，汉娜·阿伦特的学生和于尔根·哈贝马斯的好友。研究领域为城市社会学、艺术／音乐、家庭、观念史与身体史等，著有《19 世纪的城市》《肉体与石头》《公共人的衰落》等。
3　详见第六章的相关论述。

于是，人们感受到语言中的规范、形式、固定的角色是异化的（甚至是一种暴力），弱势群体要表达自身的感知，也就可以想象了。因为，如果不弄清人们是如何从某种迄今为止被忽视的角度观察和感受社会现实的，那么弱势群体应该如何开展争取认可的斗争？更确切地说，人们必须展示自身的脆弱性，必须指出自身的种族和性别，以便言明社会中结构性歧视的现状和变化。

但是，强调真切和感情的力量，也使得语言同时失去了重要的保护功能。语言中的形式提供了支持，并在个人之间建立了联系。只要人们作为"公共领域中的人"相互接触，他们就会把亲密的、私人的，因而也是脆弱的自我抛在脑后。桑内特关切地观察着他所诊断的相应发展，他说："亲密感觉的世界失去了所有的界限，不再受到公共领域的限制，而公共领域代表对亲密关系的一种制衡。"

在桑内特之后，罗伯特·普法勒[1]提出，通过"亲密关系的暴政"（Tyrannei der Intimität），文明社会的脆弱性会自动增多。他对公共领域做了如下阐述："（由于亲密关系的暴政）人们在公共领域也被要求只作为私人角色（Privatpersonen），而非公共角色（öffentliche Rollen）而存在。对于私人角色，我们最好不要去触碰；而公共角色，正是文明社会的人际交流中所欠

---

1 罗伯特·普法勒（Robert Pfaller, 1962— ），奥地利哲学家，著有《关于文化的快乐原则》《消极情绪》等。

缺的。"

如果我们进一步推进上述观点，就能得出：更多的脆弱性，反过来又创造了对保护的更大的需求。扬默认的基本假设是：世界必须适应人的脆弱性，而不是人的脆弱性必须适应世界。因此必须剔除"Nigger"一词，无论其上下文如何[1]；必须废除阳性泛指；必须保护女性免受性骚扰。然而，反对这种发展的人认为，这样一来，自我的力量在何处？人的自主性又在何处？人自我保护的能力岂不是要退化？

对于敏感性与韧性、脆弱性与韧性，下文将深入讨论这些对立关系。

1　详见知识背景 16。

第二章

伤口的力量

韧性还是敏感性？

让我们从一个自测小游戏开始。下面会描述三个情景，会有 A 和 B 两种反应供您选择。

情景 1. 您坐在剧院里，莎士比亚的《奥赛罗》(*Othello*) 正在上演，演员的台词中含有"Mohr"一词 [1]。您的反应是？

A. 您根本就没有注意到它。

B. 您很震惊，并离开了剧院大厅。

情景 2. 一个同事在工作中说了一句冒犯您的蠢话。您的反应是？

A. 您向他指出他的过失。

B. 您受到了打击，并退缩回去。

---

[1] "Mohr"是德文中最早表示"黑人"的词，它的禁忌性不如"Nigger"强，但随着人们开始用"N-Wort"来避讳"Nigger"一词，一些德国人也开始用"M-Wort"来避讳"Mohr"一词。戏剧《奥赛罗》的男主角奥赛罗是黑人。

情景 3. 您在晚间新闻中看到了一艘倾覆的难民船的图片，溺亡者中有儿童。您的反应是？

A. 您开始与您的伴侣讨论将来如何预防此类灾难。

B. 您自发地转身离开，因为您根本无法忍受这种灾难的场面。

如果您三次都果断地选择了 A，那么我推测您不是特别敏感的人。您会觉得有必要引用弗里德里希·尼采的《瞧，这个人》（*Ecce Homo*）中的著名段落：

> 成功者会设计出对抗伤害的救药（Heilmittel），他使得糟糕的偶然事件为己所用。没有杀死他的东西，就会使他更加强大。

您期望您的同胞也能有同样的韧性。因为只有从危机中成长起来的、知道如何武装自己以抵御世事变化的有韧性的自我（resilientes Ich），在私人生活和职业生活中才是可靠的，进而对于一个民主国家来说是不可或缺的。如果某人一遇到自身的或他人的痛苦就泪流满面，对一切都耿耿于怀，他还怎么做出明智的决定，还怎么进行艰难的辩论，还怎么向着目标去展望未来？不，世事并不是太艰难。相反地，您确信，是人们太软弱了！福利社会像一个慈母，人们被她娇惯成了"敏感的小宝宝"

(Sensibelchen)[1]。您认为，在面对苦难时，关键的是不要为此哭泣，而是要去想解决办法。

然而，如果您在以上测试中选择 B 居多，那么您的情况就完全不同。您在哲学上的指路明灯，不是尼采，而是法国哲学家埃马纽埃尔·列维纳斯[2]。列维纳斯是主张脆弱性和无条件的愿望的思想家。列维纳斯认为，人是一个脆弱的有缺陷的存在，人依赖爱和关怀，并且被赋予了获得爱的权利。当我们面对一个人时，他的"面孔"（Antlitz）要求我们接受他，要求我们不要给他施加痛苦。列维纳斯写道：

> 当我们面对一个人时，我们与他的面孔的关系，同时也是与一个在绝对意义上软弱的人的关系，是与一个在绝对意义上暴露的、赤裸的事物的关系。

列维纳斯认为，人在本质上是脆弱的。正是在这一点上，我们都是平等的、相互联系的，而被冒犯的人经历了"自我认同的失败"。这种脆弱性存在的理由，在于它本身——是敏感性才使我们成为人。对此，列维纳斯写道：

---

1 英语中有一个贬义词"nanny state"，直译为"保姆国家"，指"用过多的法律和建议来教导公民如何生活的国家"。
2 埃马纽埃尔·列维纳斯（Emmanuel Levinas，1906—1995），法国哲学家、作家。曾师从胡塞尔、海德格尔，最早把现象学介绍到了法国，著有《从存在到存在者》等。

主体将不得不被描述为脆弱的，这恰恰意味着敏感。

因此，我们不是要消除弱点，而是要承认弱点并相互保护。那些仍然受到社会歧视和被边缘化的人尤其需要团结，他们包括有色人种、同性恋者、跨性别者、女性、难民、性暴力的受害者等。

以上展现了多组对立：加强自我与保护自我，韧性与敏感性，尼采与列维纳斯。下面我们假设 A 队（尼采派）的代表与 B 队（列维纳斯派）的代表[1]进行一场辩论。A 队代表和 B 队代表原本是好友，但后来因政见不一而产生分歧。让我们猜猜，双方会用什么论据？谁最终能占理呢？

尼采派对战列维纳斯派的一场辩论

A 队（尼采派）：我认为你对世界的认知缺乏向上的拉力。你把社会整体拖下来，而不是提上去。人难道是脆弱的，并且从根本上说是依赖他人的？若是如此，你就把人限定在他的弱点里了。而我感兴趣的是：人如何成长，甚至超越自己？

B 队（列维纳斯派）：你说得挺好。但你自身不属于被压迫

1　此处的 A 队和 B 队对应到上文小测验中选 A 或选 B 的倾向。A 队强调尼采所主张的韧性，B 队强调列维纳斯所主张的敏感性。

的群体之一。你从未经历过被唾骂、被死亡威胁的滋味。被压迫群体经受这些，并非是因为做了什么，而仅仅是因为他们的身份。被压迫群体包括跨性别者、黑人、犹太人等。请你认识到自身的特权地位，并最终走出这种地位！

A 队：你说的有道理。但对于受歧视的、被边缘化的群体来说，呼吁些"现实点"的东西会更有帮助。与其让自己被"医治"（beärzteln）[1]，不如遵循"自卫"的本能。

B 队：此处你站着说话不腰疼的态度暴露无遗。一个每天都遭到歧视的黑人，可否干脆去锡尔斯·玛利亚[2]治疗一下，以增强他的防御力？对移民、同性恋者、跨性别者的仇视，岂止是一个关于韧性的问题？你就是像这样，巩固着社会的不平衡和实打实的暴力；你就是像这样，把所有的责任转移到个人身上。韧性的概念是基于最粗暴的新自由主义。

A 队：但反过来，也同样不正确。要改变的不是自我，而仅仅是社会？这被人们称为"自我感觉过好"（Selbstgefälligkeit）。此外，当个人发生变化时，社会也会发生变化。而且这种变化是有机地从底部（von unten）而来，某种程度上也是从根部（von der Wurzel）而来。社会的变化终究是人们自己造成的。

B 队：但这正是我们目前所经历的。黑人、女性、跨性别

---

1 "beärzteln"一词是尼采生造的，它由 be-（及物动词前缀）、ärzt ["医生"（Arzt）一词变元音]、-eln（动词词尾）三部分组成。
2 锡尔斯·玛利亚（Sils Maria）是瑞士格劳宾登州（Graubünden）的一个度假地，尼采曾在此居住。

者都在大声疾呼，他们正提出诉求。我们要直面他们被视而不见、置若罔闻的观点。而你却对此闭目塞听。

A 队：与其这么说，不如说症结更在于你那无边的共情。欢迎难民？不落一人？每项责任都是有限的，特别是在一个全球化的世界里。你不可能治愈所有伤口，你必须制定评判标准，把合理的诉求和不合理的诉求分开。

B 队：你在痛苦中封闭自己，而我在痛苦中开放自己。考虑他人的脆弱性是我的行动的道德要求。

A 队：恕我直言，谁喊得最响，谁就能得到最多吗？就像沙箱中的小孩子一样，"又哭又喊，为了被怜悯，等待着父母注意到自己的一刻？"#Aufschrei 主题标签？一个具有全球影响力的女性主义倡议，起因不过是一位自由民主党政客临退休前说的一句蠢话。[1]

B 队：对一个年轻女记者说"您或许能撑满一件 Dirndl"这种话，是对她的尊严的明显的侵犯。赖纳·布吕德勒[2]把劳拉·希默尔赖希[3]物化了。而 #Aufschrei 这个主题标签正是要表达当下亟须的团结。

A 队："进攻的激情必然属于强（Stärke），而事后报复的欲望属于弱（Schwäche）。"[4]我们此处所谈的是报复欲，而不是别

1　详见知识背景 6。

2　赖纳·布吕德勒（Rainer Brüderle，1945— ），德国自由民主党政客。

3　劳拉·希默尔赖希（Laura Himmelreich，1983— ），德国女记者。

4　这句话是尼采在谈论战争欲望时说的，尼采的原文中紧接着这句话的句子是"女人是弱者，所以复仇欲强，看到他人的困境也容易激动"。（见尼采《瞧，这个人》"我为什么如此智慧"一节第 7 段）

的问题。因为不能忍受强，所以人们才让自己成为强。怨恨是普遍存在的，甚至有人说，只要有男性和女性，两性之间就会有敌意。

B队：我明白了，你是在影射跨性别者。你对这些人了解多少？

A队：他们显然对这个世界太敏感了。而且，他们属于那种"仅仅因一次经历、一次痛苦、一次轻微的不公正对待、一个微不足道的伤口就能无药可救地流血致死"的物种。

B队：好吧，你真是知之甚少。跨性别者并不是那种人——他们并不是一时兴起就想改变自己的性别；他们不是要求厕所安装第三种性别的门并要求政府为此收税；他们不是一遇到有人不正确地称呼他们就开始号啕大哭。一个女转男的跨性别者，从他自身的角度来讲，从来都不是一个女人。相反，他被困在一个女人的身体里，这个身体让他为了社会而成为女人。但从他的角度来看，这个身体又是不合适的，与他的性别认同不匹配。这种从根本上被束缚的感觉，让人处境艰难。跨性别者自杀，并不罕见。这不是鸡毛蒜皮的小事。从根本上说，这事关社会如何处理介于男性和女性之间的性别。人们倾向于对每一种现象迅速归类，不符合现有类别的东西是令人恼火的，也很容易成为仇恨的对象。无论跨性别者是否通过手术调整了自己的性别，只要我们仍然把生物学意义上的男女性别二分法当作理所当然来谈论，他们就会被贬低。

A队：请允许我在此插话，你到底在说什么？女性和男性不存在？难道那些对自己的生物学特征没有异议，甚至可能从中汲取力量的人不存在？这不仅是歧视性的，而且是危险的。如果（性别二分的）事实不存在，人们就可以信口开河。说白了，性别魔怔[1]就是一种"奴隶道德"[2]。

B 队：别憋着了，释放你心中那头"金发野兽"[3]吧！

A 队：显然，在有争议的情况下，你干脆成了一个纳粹。你不是要公开讨论问题，而是要将对方的意见以"反动"的罪名驱逐和"取消"[4]。

B 队：这太荒谬了。没人阻止你表达你的立场。你只能预想到，如果你持这样的观点，将不再被邀请参加晚宴。这与"系统性抵制"是不同的。如果你不被邀请参加晚宴，你肯定会抱怨说旧的确定性崩溃了。

A 队：抱歉，我得说一句，现在在美国，当所谓的"被压

1　性别魔怔（Genderwahn）是德国右翼政客为了反对左翼的性别平等的语言（geschlechtergerechte Sprache）而使用的概念。

2　尼采的"奴隶道德"（Sklavenmoral）是与"主人道德"（Herrenmoral）相对的。在尼采看来，奴隶道德是弱者的道德，是坏的、否定的、弱化自我的、复仇的、被动的；而主人道德是好的、肯定的、强化自我的、进攻的、主动的。在德国，右翼政客常引用尼采的"奴隶道德"的概念来批评左翼的"政治正确"。

3　"金发野兽"（blonde Bestie）出自尼采的《道德的谱系》第二章第 17 节，一些人认为"金发野兽"代表着日耳曼封建领主，因为金发是日耳曼人的特征。后来也有人将"金发野兽"作为法西斯主义者的隐喻。然而，按照尼采研究者德特勒夫·布伦内克（Detlev Brennecke）的见解，"金发野兽"指的是狮子，而不是指某个特定的民族。尼采用"金发野兽"来隐喻强者或强势民族在征服中表现出来的"动物性"，尼采在赞赏这种动物性之余，还谈到了强者对于异常状况的恐惧。关于"金发野兽"的详细讨论，可参考：尼采，《道德的谱系》，梁锡江译，华东师范大学出版社，2015，"Pütz 版编者说明"。

4　详见知识背景 15。

迫群体"感到受伤害时，"施害者"会失去工作。这种"雄辩的哀号和抱怨"和"自曝其不幸"的行为，在其深处有着侵略性的反面。令人安慰的是，"尽管他们有种种弱点，但至少他们仍有一种力量：伤害他人的力量"。

B 队：你所说的正是误解之所在。软弱中蕴含着力量。但这种力量不应该被理解为敌意和怨恨，而是应该被理解为不设防地公开自身的脆弱性。受歧视者的诉说体现了公开、坦诚、真实。这种诉说不是把自己藏在所说的事物之中，不是把自己以这样的方式保护起来，不是以漠然的语言面对他人，而是裸露自身，剥去自己的皮肤，让敏感性（如同皮肤下的神经）和自身遭受的过度敏感乃至苦难都暴露在他人面前。这就是敏感性的力量。

A 队：现在我们的观点居然相互靠近了。"没能杀死我的东西，使我更强大"：伤口是力量产生之处！

成问题的绝对化

从以上虚构的尼采派和列维纳斯派的小辩论中，我们可以得到什么启示呢？列维纳斯派的代表指出了将韧性绝对化的危险。对他人脆弱性的认识是人性的核心，是社会转型的动力。相反地，那些宣布个人韧性是最高的和唯一的原则的人，忽视他人的痛苦，并巩固着歧视性的社会结构。此外，很重要的一点是，我们既要看说话的语境，也要看说话者自己是不是被边缘化、被歧视的群体的一员。简单地期待受害者保持冷静的客观性和疏离感，就是无视他们的处境。那些受害者，本身就处于交叉火力之中，他们敏锐地体验到了暴力，他们不会置身事外地看自己，而总是身处其中，对冒犯行为做出敏感的反应。缺乏共情地无视这种敏感性，甚至故意挑衅，或许属于言论自由的范围，因而尚不违反任何法律，然而这样的行为是从根本上忽视了与列维纳斯所说的"（他人的）面孔"[1] 相关联的东西。列维纳斯所说的"面孔"即禁止杀戮（此处也指禁止在精神方面扼杀他人），与之相伴的是对人的脆弱性的深刻认识。

另一方面，尼采派代表认识到了"把脆弱性作为范式"的论证的薄弱之处——把敏感性绝对化的危险。事实上，列维纳斯没有回答如何公正地对待每个人的脆弱性的问题。同样没有回答的是，哪种痛苦可以要求一个"回答"，哪种痛苦可以要求承担责任？表达痛苦就足够了吗？几乎不可能，因为任何一种呼声都可能是工具性的或夸大的。哲学家布克哈德·利布施[2] 问列维纳斯："谁或者什么事物才能解除我们的任务呢？"利布施说："具体地感知和判断一个人的处境是困难的。尤其是在有三个人的情况下，我们总是要在第三方在场时与对方打交道，而对方和第三方的要求常常是冲突的，这种冲突让我们陷入斗争。仅仅由于这种常规情况之外的敏感性，我们就看不到任何

1　可联系对比上文"韧性还是敏感性？"一节。
2　布克哈德·利布施（Burkhard Liebsch, 1959— ），德国哲学家，著有《对哀悼的反思》等。

解决办法？一方面，我们要证明自己在面对他人（任何人都可以是他人）时是极端'思想开放'的，甚至是脆弱的；但另一方面，又要具体地考虑此人的情况。"按照尼采的说法，把敏感的人性绝对化，也伴随着重大的对价值的重新评估。此时，我们培养的是软弱，而不是力量；我们宣扬的是脆弱者，而不是抵抗者；我们推崇的是自曝脆弱，而不是自我武装；被动性取代了主动性。

关于列维纳斯和尼采的思想差异，我就说这么多。下面让我们来谈谈两种思想的共性，也就是"伤口"。

敏感的韧性

"从伤口中产生了力量"，尼采本人正是这句话的化身。尼采，这位"超人"（Übermenschen）思想的提出者，而今也被人认为是高度敏感的人。他对气候和光线极端敏感，他患有偏头痛，他的精神不稳定，而这些都与他的创造力密不可分。

从尼采的伤口中，生长出一部作品——尼采的自传性著作《瞧，这个人》，这要归功于作者敏感的观察力和脆弱性。尼采在其中这样写道：

> 人不知道如何摆脱事物，人不知道如何应付事物，人不知道如何把事物推向过去——一切事物都造成痛苦。

尼采还写道：

> 人和事物靠得太迫近，经验的打击太深，记忆是一个化
> 脓的伤口。

作为这种无望局面的"救药"，尼采建议采用"俄国人的宿
命论"（russischer Fatalismus），即不反抗的宿命论。所谓"俄
国人的宿命论"，是说一个俄罗斯士兵，由于行军对他来说太过
艰难，最终躺在雪地里。"顺应环境，是保全自己的唯一可能"，
这是尼采针对这种极端的困境给出的建议。尼采写道：

> 但凡一个人做出反抗，他很快就会耗尽自己，所以他不
> 应再做出任何反应，这是一种生存的逻辑。

在危机中求生存的能力，本身蕴含着脆弱性。在尼采看来，
韧性产生于现实生活中所经历的伤痛，韧性使人的意识对人在
生存危机中的脆弱性变得敏感。危机的冲击终究是不可避免的，
人不能阻止危机的到来，只能挺过危机。

因此，韧性与另一种形式的防御性力量——免疫性
（Immunität），形成了有趣的对立。有免疫力的人，是不会被攻
击的。疾病和危机无法攻击有免疫力的人。如果把这种隐喻迁
移到社会系统中，那么免疫力是指强大的外墙和严格的安全政
策，任何威胁到有机体的东西都会被无害化处理。尖锐地说，

韧性是克服危机的民主原则，而免疫性则让人想起避免危机的专制原则。

尼采显然不是一个主张免疫性的思想家。相反，他呼吁人们不要后悔、惧怕、祛除可怕的事件，而是欢迎它们，并故意将它们作为命运纳入自我，正如尼采在《查拉图斯特拉如是说》(*Also sprach Zarathustra*) 中写到的，要把它们"转化为'我所欲'"。正是这种病态的方面，这种对可怕的事件的承受和接受，才是尼采派所说的"韧性"的核心。

换句话说，静态系统 (statische Systeme)，即人类应对日常平静生活的各种心理结构，是不稳定的，因为它们不是为反常事件而建立的。静态系统缺乏活力，缺乏移动和反应的可能性。与静态系统相反的，是反脆弱系统 (antifragile Systeme)。反脆弱系统对于人们正在遭遇的事情是开放的。"反脆弱性"(Antifragilität) 一词来自经济学家纳西姆·塔勒布[1]（尼采的见解对此的深刻影响也不容忽视）。塔勒布认为，反脆弱系统"从冲击中受益"，当反脆弱系统"暴露在不稳定、随机、无序的条件下时，它们会茁壮成长"。危机要素被整合进反脆弱系统之中，这些系统作为一个整体被改造——从伤口中产生力量。

同时，根据尼采的说法，韧性本身也有不可用的要素。尼采认为，一个人是否拥有韧性，完全不在自身的能力之内，相

---

[1] 纳西姆·塔勒布 (Nassim Taleb, 1960—)，黎巴嫩裔美国人，数据科学家，前交易员和风险分析师。关注随机性、概率和不确定性，著有《反脆弱》《黑天鹅》等。

反地，先决条件存在一种"塑造力"（plastische Kraft），使人能够"从自身之中成长起来，改造和吸收过去的经验和他人的经验，愈合伤口，取代所失去的东西，靠自己对已经破碎的形式进行重塑"。尼采视为运气甚至是特权的东西，后来在弗洛伊德的著作中获得了人类学的特征。弗洛伊德在人性中发现了防御性力量的冲动本原（Triebgrund），详见第四章。

有韧性的敏感性？[1]

那么列维纳斯呢？他的思想在多大程度上有韧性的要素？相比于解释尼采思想中的敏感性要素，解释列维纳斯思想中的韧性要素更加困难。列维纳斯曾被关押在战俘营，纳粹的罪行使他失去了所有家人。他的母亲德沃拉、父亲热耶尔、兄弟博里斯和阿米纳达布，都被枪杀于立陶宛的考纳斯集中营。

列维纳斯并不推崇"俄国人的宿命论"，他也不可能把恐怖事件作为受欢迎的偶然事件。尼采派所说的"救药"在他的著作中根本没有一席之地。相反地，从他的角度来看，"从伤口中产生力量"意味着人要保持可触摸性和脆弱性，以防黑暗

---

1 上一节的标题是"敏感的韧性"（Sensible Resilienz），而这一节的标题是"有韧性的敏感性？"（Resiliente Sensibilität？）。两者从短语结构上正好是颠倒的，前者谈尼采思想中类似列维纳斯思想的要素，这一节谈列维纳斯思想中类似尼采思想的要素。不同的是，上一节的标题未加问号，而这一节的标题加了问号，说明作者认为尼采思想中有类似列维纳斯思想的要素较为明显，而列维纳斯思想中有类似尼采思想的要素则较难说明。

的历史重演。更尖锐地说，列维纳斯认为"伤口必须永不闭合"。伤口只有保持裂开，才有潜在的力量（详见第七章中对让·埃默里[1]的阐释）。让皮肤愈合，会危及其"被触摸的特性"（Berührbarkeit），会让自身的痛苦和他人的痛苦拉开距离。列维纳斯重视的是情感的力量，而不是权衡和反思。列维纳斯认为，"他人的面孔运动着／令人感动"（Das Antlitz des anderen bewegt[2]），这不仅要从物理方面理解，还要从情感方面理解。裂开的伤口抓住人的情感，唤醒人的责任，使人因共情而采取行动。

　　历史似乎可以证明列维纳斯的思想是对的。在近代社会的开端[3]，不正是共情的影响带来了决定性的转变吗？任何想了解为什么敏感性成为人类历史进步的标志的人，都必须研究 18 世纪的文学和哲学。是时候对敏感性的时代进行一次考察了。

1　让·埃默里（Jean Améry，1912—1978），奥地利作家、反法西斯斗士，因散发反纳粹读物曾被关押于奥斯维辛集中营。1966 年，他出版了书写自己奥斯维辛经历的文集《罪与罚的彼岸》，并因此广为人知。1978 年，埃默里自杀身亡。
2　"bewegen"在德文中有"物体运动"的含义，也有"令人感动"的含义。
3　在本书中，"近代社会的开端""敏感性的时代""共情的世纪""感伤主义文学的时代"等，都是指 18 世纪启蒙运动时期。

第三章

共情的世纪

#MeToo 运动之前的反性侵潮流

　　他来到我身边,没有注意到我的困惑。他说:"一切顺利,亲爱的!"这个最没人性的男人的卑鄙计划进行得真顺利。我越来越难受。很快,我就迟钝了,但很快又变得狂躁,仿佛失去了理智。我记得我曾乞求过他的怜悯。我记得我保证过会成为他的妻子,只要他能怜悯我。但我没有得到任何怜悯。我的力量和理智都在缩减,然后就出现了一些事情,嗯,爱,这种可怕的、恶心的事情——

　　以上是克拉丽莎写给某位霍韦夫人的信的选段。某位洛夫莱斯用计引诱她离开家,然后把她绑架到妓院,用茶水给她下药,并在夜里强奸了她。克拉丽莎在信中描述那个后果严重的夜晚,并以一个意味深长的破折号结尾。这个年轻女子对这种行为无法释怀。尽管她曾坚定地试图捍卫自己身体的尊严,但所有的活力都从她的身体中消失了。

　　这一幕来自英国作家塞缪尔·理查森的书信体小说《克拉

丽莎》(*Clarissa*)。该作品于 1747 年到 1748 年出版，获得了轰动性的成功。在接下来的 13 年中，出现了 5 个译本，1751 年该书被翻译成法语，1752 年被翻译成德语，1755 年被翻译成荷兰语。不论是女性还是男性，都被克拉丽莎的命运深深打动。女性和男性读者都会与女主人公共情，女主人公在信中以第一人称的视角，真切而不加掩饰地讲述了所受的苦难。按照当时的文学惯例，作者塞缪尔·理查森只是署名为信件的"编辑"[和他在第一部书信体小说《帕梅拉》(*Pamela*)中的署名方式一样]，这更加强调了所呈现的情感世界的真实性和直接性。

历史学家林恩·亨特在她的《发明人权》(*Inventing Human Rights*)一书中明确地指出，当时人们撰写和阅读此类苦难故事的行为，取得了巨大的心理成就。在此之前，人们的共情仅限于自己身边人的圈子，而书信体小说使人们能够理解完全陌生的人的命运。换句话说，按照亨特的看法，共情作为一种审美实践，在人类的进步中起到了决定性作用。虽然书籍肯定不足以改变世界，但亨特认为，紧随书信体小说的鼎盛时期之后，美国和法国分别在 1776 年和 1789 年将"人人平等"写入了法律，这并非巧合。亨特写道："'平等'，不仅是一个抽象概念或一个政治口号，它必须成为一种时尚。"在敏感性文学[1] 潮流的大力推动下，形成了一种将人与人之间联系起来的感觉方式，而这推动人类文明向前迈出了关键性的一步（尽管那个时代离女性争

---

1 敏感性文学，即 18 世纪的感伤主义文学。

取权利的时代还很遥远）。

　　当然，"克拉丽莎"是一个虚构的人物，而且来自一个男性笔下（关于"共情的限度"，详见第七章）。然而，当读者读到女主人公的遭遇，感受到她的痛苦所引发的情感，谁不会想到当代全球各地爆发的女性解放运动呢？当读者读到洛夫莱斯的暴行时，谁不会想到我们时代的哈维·韦恩斯坦（Harvey Weinstein）[1]？这算不算 #MeToo 运动之前的反性侵潮流？2017年，多名女性在社交网络推特上说了自己遭遇性暴力的经历。世界各地的女性和男性与受害者共情，在网上声援受害者，并对施害者表示愤慨。全球数百万人的共情力量使施害者韦恩斯坦失势，并被逮捕和公诉，还使德国的性犯罪法收紧。目前，即使女性无法表达自己的意愿（例如由于服用毒品），她们也受到保护。假如理查森笔下的克拉丽莎活在今天，她可能已经成为 #MeToo 运动的形象大使。

　　但这究竟是什么样的感情，是共情吗？人们如何能够对他人的命运产生共鸣，将自己置身于他人的内心世界？为什么这种敏感性——被他人的痛苦所触动和感动，有以指数级速率传播的潜能（让我们避免使用"快速传染"[2]这个贬义词）？

1　可参见知识背景 4。
2　"传染"或"感染"，都可以用来形容感情的快速传播，但也都让人联想到病毒的传播。在本书写作的 2021 年，正值西方社会因新冠大流行而面临大量感染和死亡的时期，因此作者比较忌讳把感情和病毒用隐喻联系起来。

　　深受以上问题的影响，在 18 世纪的哲学中，共情得到了系统的探讨，与敏感性文学交相辉映，感觉和道德之间的联系成了无数哲学著作的重心，展现了法国大革命的一种激越的心跳。在 18 世纪的哲学中，道德规范不再由上帝保证，而是起源于人们自己的感受。这种认识，在君主制末期，是突破性的，甚至是革命性的。一个发现了共情力的民族，在情感上能跨越阶级界限实现全民大团结，从内心深处感受到平等和博爱。这样的民族不会再接受一个分化性的、压迫性的君权，因为君权的合法性只是通过世袭和某些超验的幻想[1]获得的。

　　然而，下文将明确地展现，当人类变得更有共情力时，不一定会变得更有人性。共情并不是进步的同义词。如果仔细观察，这种对文明进步起决定性作用的力量，也蕴藏着倒退和破坏的潜力。此处有三个联系是关键的：第一，共情与道德的关系。第二，共情与女性气质的关系。第三，共情与性虐待狂之间的关系。为了展开来谈这些关系，让我们专门研究 18 世纪极具影响力的三位哲学家的生活和著作。他们是：大卫·休谟[2]、让－雅克·卢梭、多纳西安·阿方斯·弗朗索瓦·德·萨德[3]。

1　超验的幻想，指借助对神的想象使君权神圣化。

2　大卫·休谟（David Hume，1711—1776），苏格兰哲学家、经济学家、历史学家、怀疑论者。代表作有《人性论》《人类理智研究》等。

3　多纳西安·阿方斯·弗朗索瓦·德·萨德（Donatien Alphonse François de Sade，1740—1814），法国贵族、作家，由于所描写的色情幻想和他所导致的社会丑闻而出名，著有《索多玛的一百二十天》等。

大卫·休谟与情感的传染

"休谟先生如同一条纯净、清澈的小溪，均匀而平静地流入某处。"这是文艺评论家弗里德里希·梅尔基奥尔·格林[1]描述苏格兰思想家休谟的一句话。休谟因为性情稳健而和善，被许多同时代人称赞，也被另一些人嘲笑。1711年，休谟出生于爱丁堡的一个笃信加尔文教的家庭。然而，早在12岁时，他就进入了一个完全不同的世界：在大学里，他学习了约翰·洛克[2]的经验主义哲学和艾萨克·牛顿（Isaac Newton）的自然科学。1725年，休谟与他深厚的宗教渊源做了最后的思想决裂——他违背父母的意愿转而修习哲学。这令他在那时陷入了严重的危机：他背离了宗教，也就背离了家庭，这在他当时的心灵中肯定会产生深刻的冲突。但这些恰恰是持续点燃休谟哲学兴趣的火种。自此，从1734年开始，休谟开始写作他的由三卷组成的著作《人性论》（*A Treatise of Human Nature*）。这部著作的基础是休谟严格的经验主义。严格的经验主义认为，没有任何东西能脱离感性基础和经验而存在，道德也不例外。换句话说，道德必须植根于我们的本性和感情。在

---

1 弗里德里希·梅尔基奥尔·格林（Friedrich Melchior Grimm，1723—1807），德国文学家、文艺评论家、记者、出版商、《百科全书》编纂者。曾主编刊物《文学、哲学和评论通讯》，该刊物在18世纪欧洲各国的上流社会中有很大影响力。
2 约翰·洛克（John Locke，1632—1704），英国哲学家，英国最早的经验主义者之一，被视为启蒙时代最具影响力的思想家和自由主义者。他的著作也影响了伏尔泰和卢梭，以及许多苏格兰启蒙运动的思想家和美国开国元勋。代表作有《政府论》《人类理解论》等。

他这篇论文中，休谟为自己设定了任务，要来理解这种植根性，即：我们是怎样与他人共情的？

首先，根据休谟的说法，这单纯地是因为，尽管我们有种种不同，但我们在根本上是相似的。休谟写道：

> 我们清楚地知道，大自然在所有人类生物之间建立了巨大的相似性，以至我们在观察他人的某一情感或某一（精神生活的）因素时，总是在我们自己身上或多或少地找到一个对应物。这一对应物适用于精神的有机体，也适用于身体的有机体。即使这一对应物的各部分在形状和大小上有所不同，但它们的结构和组成一般是相同的。尽管存在各种差异，但仍有一种非常明显的相似性被保留下来。而这种相似性一定非常有助于我们理解他人的感情，并使我们轻松而愉快地将其作为自身的感情。除了人类本性的一般的相似性之外，如果我们还能在他人身上发现一些特殊的相似性，例如行为、性格、祖国、语言方面的相似性，将有利于共情。

简而言之，这意味着我们能感受到别人的感受，因为我们都是人类。而且，我们彼此之间分享的东西越多，例如语言或出身，共情就越强。

从这段话中，可以立刻明显地看出，共情和平等的革命性价值是如何不可分割地封装在一起的。人们可能在性别、外貌、年龄等方面有所不同，但根据休谟的说法，人类存在一个基本的共同点：作为人的存在（Menschsein）。因此，平等不是一个抽象的宏大概念，也不是简单地在所有经验中都被给定的（gegeben），而是在共情行为中被体验到的（erfahren）。

我们要如何具体地想象感情转移的过程？为什么我会感受到另一个人的感受？休谟这样描述这一过程：

> 如果任何一种情绪是通过共情的通道灌输给我们的，那么我们首先认识它的效果（即那些外表和言语方面的外部表现），这些效果让我们对这种情绪产生想象。而这种想象会进一步转化为一种印象，并获得如此的强度和生动性，以至这种想象成为相应的真实的情感，并唤起与最初的情绪相同的感情的激动。

这段话听起来很复杂，但大意是说，假设我看到一个人在哭，那么我对他的眼泪的感知，就会在我的头脑中产生悲伤的想象，而这种想象很明显是对此人的一种理解。这一连续的过程，让我发觉我与这个悲伤的人的基本相似性，发觉我们共同的"作为人的存在"，我的想象立即转化为一种"印象"，即一种生动的感觉。虽然这种悲伤的感觉不源自我，但我和此人一样强烈地感受着它。这种悲伤的感觉，在此人身上是"原件"（Original），在我身上是"副本"（Kopie），但两者丝毫没有区别。

因此，根据休谟的说法，共情中有一些近乎是反射性（reflexhaft）的和感染性（viral）的东西。由于共同的人性，无论积极还是消极的感情，都会从一个人转移到另一个人身上。在此过程中，正如休谟所强调的，额外的相似性如出身或性别，会增强感染力。群体越是同质化，感情转移就越强。鉴于当今社会的数字化发展和基于算法的人群聚类，休谟的这一观察不仅仍然有意义，甚至可能比以往更重要。人们注意到，推特或脸书上的负面的感情表达，可以迅速扩大为十足的舆情愤慨和抗议声浪；积极的感情表达，也可以扩大为规模相当的共情浪潮。那么，如下来自休谟的段落，似乎惊人地具有现实意义：

> 人类本性中最重要的性质，无论是就其本身还是其后果而言，都莫过于我们特有的与他人共情的倾向，以及我们通过交流接纳他人的倾向和感情的能力，无论他人的倾向和感情与我们的有多么不同（甚至是全然相反的）。

一个平易近人的人，很快能与周围人的情绪同步；即使是最傲慢和最消沉的人，也会在某种程度上受到乡党和熟人的影响。休谟接着写道：

> 这不仅见于儿童（儿童总是毫不迟疑地接受他们接触到的每一个意见），即使是非常聪明而且有判断力的人也会发现，当他们自己的理性或倾向与他们的朋友和日常伴侣的不一致时，他们也很难遵循自己的理性或倾向。一张快乐的面孔让我的心情陷入可感的喜悦和欢快之中，一张愤怒或悲伤

的脸则让我的心情突然蒙上一层阴影。

休谟的以上描述，令人想起 20 世纪末镜像神经元的发现，还使人并不牵强地想到 21 世纪网络上发生的某些事件。引文的最后一句话，让人想到脸书或其他数字平台上的帖子中的 Emoji 表情。按照休谟的观点，社交网络几乎可以被称为"共情机器"（Mitfühlmaschine）。

在《人性论》发表近 200 年后，哲学家马克斯·舍勒[1]起而反击休谟的这一观点。与休谟不同，舍勒将"感情的传染"与共情和同情截然分开。根据舍勒的观点，感情的传染与对他人心情状态的敏感性基本无关，而只是反应性的。舍勒写道：

> 在感情传染中，既没有对他人的快乐或痛苦的感情意图，也没有对他人体验的参与。相反地，感情传染的特点是，它仅仅发生在自我的各种感觉状态之间，根本不以了解他人的快乐为前提。

进入酒吧或虚拟聊天室的人，并不与他人一同感受，而是被一种情绪所感染。因此，舍勒写道：

1　马克斯·舍勒（Max Scheler, 1874—1928），德国哲学家、人类学家、社会学家、现代哲学人类学奠基人。著有《爱的秩序》《道德意识中的怨恨与羞感》《同情感与他者》等。

相关感觉像雪崩一样越滚越大：通过以表达和模仿为中介，由感情传染而产生的感情再次传染其他的感情，这个过程不断循环。在所有的群情激愤中，在所谓"舆论"的形成中，尤其是这种不断累积的传染的相互性，使得群体情绪膨胀，并导致了一个奇特的状况：行动的"群体"能如此轻易地被撕裂，超出了所有个人的意图，做出没有任何人"想做"和"为此负责"的事。在此处，实际上是感情传染的过程本身产生了超越所有个人意图的目标。

但是，针对这一点，人们可以提出疑虑，并批判性地插一句：像 #MeToo 或"黑人的命也是命"这样的运动，难道其遍及全球的力量是基于情绪的感染性，而不是基于合理的诉求？不，而只是这样：从舍勒的观点来看，感情的传染还不是同情，而同情又如休谟所认识到的那样，还不是一种道德立场。

那么，让我们看看休谟在《人性论》中如何论述道德，如何解释道德与共情的关系。休谟的论点是，当我们看某些行为时，理智不能告诉我们一个行为是好是坏，只有抓住我们的感觉才能给我们提供指导。用休谟的话说：

> 我们必须把带来美德的印象称为令人愉快的，把带来恶行的印象称为令人不愉快的。每一刻的经验都必定使我们相信这一点。没有什么是比宽宏大量的行为更可爱、更美丽的景象，也没有什么比残忍的、背信弃义的行为更能激发我们的厌恶。

善行产生积极的感情，恶行产生消极的感情。人们不禁会问，难道上述的敏感性文学的效果不能证明休谟的正确？读到休谟的这些话，谁不会想到那些心里向着克拉丽莎和她的精神上的姐妹的读者？谁不会对她们的命运流下眼泪？谁不会愤恨强奸犯洛夫莱斯的行为？休谟还写下过这样的话："即使是一出戏或一部小说，也能向我们证明来自美德（Tugend）的快乐和来自恶行（Laster）的痛苦。"

美德和恶行不是抽象的、形而上的概念。如果休谟认为"美德和恶行存在于所有经验之前，只在产生它们的感情中显现"，那么他就不是经验主义者。相反地，休谟会说，美德和恶习从根本上只作为经验而存在。换句话说，美德和恶习不是超验的，而是从根本上属于内在的概念[1]，它们的存在首先要归于人的行动和感情。休谟是这样说的：

> 我们对"美德"的意识在于，我们在看一种性格时感到一种特定的满足。在这种感情中，包含了我们的赞美和钦佩。我们不会探究这种满足的原因，因为我们不会因一种性格令我们快乐就得出结论，断定它是属于美德的，而是在感到它以某种具体方式令我们快乐时，我们才能感到它是属于美德的。[2]这与我们对各种类型的美的判断，以及对各种味道和

1　"超验的"（transcendent）与"内在的"（immanent）是反义词，前者指上帝的、人类的经验以外的，后者指人的、经验以内的。

2　休谟强调美德并不是从事实中推理出来的，而是靠体验感受到的。

感觉是否令人快乐的判断是一样的。我们（内心）的认可（每次都）包含在这些事物给我们带来的直接的快乐之中。

简单地说，一种行为令我快乐，我就认可它，因而它是一种美德。如果我被它激怒，我就拒绝它，因而它是一种恶习。感觉中包含了判断。

然而，正如你可能已经猜到的那样，这种道德观念掩盖了一个不稳固的前提：对于无辜的女主角受到伤害的描述，只能引发读者的消极情绪[1]，而不能引发积极的甚至是充满欲望的[2]情绪。但果真是如此吗？毕竟直到如今仍然存在一种文学体裁，这种体裁正是使读者从对女性的压迫和折磨中获得快乐。这种体裁在休谟的时代之前就已经存在了。一个"无辜的女性被一个无情的色鬼虐待"的设定不仅是18世纪敏感性小说的素材，也是色情作品最根本的运作原则。而人们是否总能这样精确地将两者区分开来，仍是一个没有答案的问题。人们可以想到约翰·克利兰的小说《芬妮·希尔：欢场女子回忆录》[3]，它在18世纪中叶引起了一场丑闻。或者想到萨德侯爵作品中有德行的朱斯蒂娜所遭受的可怕痛苦，下文中我们还将谈到这部作品。

1　此处所说的消极情绪与上文的含义不同。上文的消极情绪是从道德的角度着眼的，而在此处，消极的情绪就是不快乐，积极的情绪就是快乐，无关道德。

2　"充满欲望的"（lustvoll）在德文中是一个褒义的、雅化的词。

3　约翰·克利兰（John Cleland, 1709—1789），英国小说家。《芬妮·希尔：欢场女子回忆录》（*Fanny Hill, or Memoirs of a Woman of Pleasure*）是约翰·克利兰于1749年出版的情色小说，在一百多年里被禁止公开出版。

　　下面我们来谈一位与休谟相识的思想家让-雅克·卢梭。卢梭的共情理论的构建，巧妙地规避了休谟的"不稳固的前提"。卢梭认为，如果一个人在恶行或暴力中感到快乐（这确实会发生），那么这只是进一步地证明，文明人已经无可救药地失去了他内在的、自然的感情的指南针。而当卢梭写到因文明而堕落的人时，主要是指男性。像休谟这样的男性，卢梭对他们深感不信任，这最终导致了卢梭与休谟的友情破裂。对于女性，我们将看到情况有所不同。卢梭认为，女性是无辜、内敛、敏感的生物，她们更接近（美好的）自然，也更接近感情。通过研究卢梭，我们可以发现共情的另一个高度多义的维度——共情与女性气质的耦合。更透彻地说，我们现在把男性气质和有毒的危险联系起来，把女性气质与共情联系起来，这无意中是基于卢梭思想的一个核心的基本假设。

卢梭把道德女性化

　　1712 年，卢梭生于瑞士的日内瓦，是家中的次子，有一个哥哥。卢梭的父亲艾萨克是个钟表匠，母亲是个加尔文教徒，名叫苏珊，在卢梭出生 9 天后死于产褥热。丧母在敏感的卢梭心中留下了深刻的印记。在卢梭的生活中，重要的几位女性一直像母亲一样，在一个充满敌意的、以竞争和嫉妒为标志的男性主宰的世界中保护着他。卢梭的伴侣（后来成为妻子）泰蕾兹·勒瓦瑟[1]，一个普通的洗衣女工，为他生了五个孩子。卢梭把孩子们都送到了育婴院，甚至没有记下他们的入院编号。卢梭的这种冷酷无情，至少在他的许多志同道合者看来，与他的共情的哲学形成了鲜明的对比。或者说，卢梭不顾妻子的苦苦哀求而将孩子送人的坚决态度，其实是以极端的方式显示出卢梭不愿意与孩子共享他所选的女人？

卢梭心目中的众多母亲形象，一定包括他的赞助人之一——作家路易丝·德·埃皮奈[2]夫人。1756 年，她为卢梭创造条件，让他搬到了在大城市巴黎[3]北部几千米的蒙莫朗西小镇的一个隐居地。隐居像是为卢梭量身定做的，此前不久，卢梭已经在 1755 年发表的作品《论人类不平等的起源和基础》（*Discours sur l'origine et les fondements de l'inégalité parmi les hommes*）中详细地批评了大城市文明的诱惑和异化效果。在此书中，卢梭勾勒出一种人类的自然状态。在自然状态下，人类仍然完全与自身合一，即与自己的感情合一。自然状态的核心是同情，按照卢梭的说法："同情先于一切反思。"卢梭解释说，同情将人类与动物联系在一起，因为动物和我们一样都是敏感的生物（卢梭的例子是，"动物经过同类的尸体时，不免会感到不安"）。确

1　泰蕾兹·勒瓦瑟（Thérèse Levasseur，1721—1801），卢梭的女佣、情人，与卢梭相识 25 年后结婚，成为卢梭之妻。

2　路易丝·德·埃皮奈（Louise d'Épinay，1726—1783），18 世纪法国女作家，曾是卢梭的资助人，在卢梭的《忏悔录》中有对她的贬损的记录，同时她也作为 18 世纪女性权利扩张的一个例子出现在西蒙娜·德·波伏瓦的《第二性》中。

3　原文此处将巴黎形容为 "Moloch"，此词的含义是 "巨大的、恐怖的、造成多人牺牲的"。

实，同情是如此纯粹和根本，以至"最堕落的道德"也难以摧毁，卢梭写道："这是因为，人们每天都能在我们的戏剧中，看到某人因某个不幸者的痛苦而感动落泪。"

就目前我们所谈的而言，卢梭还在休谟的思想脉络上。对卢梭这位瑞士的自然爱好者而言，道德同样不是理智的效果，不是努力思考的结果，不是基于形而上的东西。相反地，同情其他生物的能力是善的决定性驱动力，这是人类和动物天生就有的。卢梭写道：

> 与由理性确立的公正的崇高准则不同，每个人都被赋予了同情。"你希望别人怎样对待你，你就怎样对待别人"——这种自然的善的准则，远不如公正的崇高准则完善，但也许更有用，因为它让人们"在尽可能不伤害他人的情况下照顾自身利益"。

卢梭认为，良知的核心，不是康德构想的"定言命令"[1]，而是自然的同情的感情，是同情让人成为道德生物。为了表达"在尽可能不伤害他人的情况下照顾自身利益"，卢梭在写作中引入了一个术语，叫作"自爱"（法语为 amour de soi，德语为 Selbstliebe）。这里的"自爱"没有自恋的意味，恰恰相反，对卢梭来说，自爱是一个人得以将自己的情感积极地指向他人

---

1 定言命令（kategorischer Imperativ），又译为"绝对命令"，是康德在 1785 年出版的《道德形而上学基础》中提出的概念，强调从理性而非感情的角度来理解道德。

的基本条件。在更晚的著作《作为让－雅克的审判者的卢梭》
(*Rousseau juge de Jean-Jacques*) 中，卢梭毫不含混地写道："自
爱者寻求扩大自身的性格和快乐，并通过依恋想要占有对自身
有好处的东西，这是非常自然的。"在这部著作中，卢梭明确区
分了这种道德的、主动的"敏感性"(sensibilité) 与纯粹被动的
身体的敏感性。卢梭写道：

> 存在一种身体的、器质性的敏感性。这种敏感性纯粹是
> 被动的，除了通过给予我们快乐和痛苦来操控我们的行为，
> 从而保全我们的身体和本性外，这种敏感性似乎没有任何目
> 的。还有一种敏感性，我称之为主动的和道德的，它正是我
> 们把自身的感情附着在其他生物身上的能力。

接下来我们要谈到卢梭对文明的尖锐批判。卢梭认为，自
爱作为共情的基本条件，确实会退化乃至枯萎，其症状表现为"对
他人的感觉被压制或被限制"。这是如何发生的？功利主义和有
害的（男性的）与他人的竞争，导致"自爱"变成了"私爱"（法
语为 amour propre，德语为 Eigenliebe）。私爱来自比较，是像
地狱一样令卢梭痛恨的文明的伴生物。在文明中，我们感到不
得不与他人竞争，博取尊重和认可。卢梭写道：

> 一旦自爱退化为私爱，成为比较性的东西，就会引发消
> 极的敏感性，因为一旦我们养成用他人来衡量自己的习惯，

就不可能不厌恶一切超越我们的东西、一切贬低我们的东西、一切束缚我们的东西、一切由于是某种东西而使我们不能成为一切的东西。

文明的私爱，与自然的同情相反，也与健康的、适度的自爱相反，私爱是文明异化的缩影。

一言以蔽之，在别人看来是"进步"的东西，在卢梭眼里只是"退化"。如果卢梭活到今天，他会看到他的看法被当代注意力经济的运行规则证实：互联网上的仇恨言论、为提升点击率而不择手段、对于"点赞"的追求，都在证实这一点。如果不是冷酷的、功利主义的私爱在作祟，还有什么东西能有这样定基调的作用呢？

简而言之，在卢梭哲学的背景下，我们不可能将人类历史视为敏感化不断增强的进步史。于是，卢梭的观点与本书第一章中重点讨论的诺贝特·埃利亚斯在其著作《文明的进程》中的观点相反。正如我们在第一章中所见，作为20世纪的社会学家，埃利亚斯回过头来看启蒙时期的敏感性和道德，认为它们是历史发展的结果，是它们把放荡不羁的骑士变成了彬彬有礼的宫廷贵族。然而，作为启蒙时期的亲历者，卢梭并不认为这些宫廷贵族是敏感的，在卢梭眼里，他们虚荣、容易感情受伤、体弱多病、尤其在乎自己的荣誉感，这与卢梭心目中真实的、真切的、自然的敏感性毫无关系。

被男性的竞争法则所统治的文明世界，是否无可救药地腐败了？在卢梭看来，差不多是如此。但他至少还有忠实的伴侣泰蕾兹，她以自身的单纯，比任何其他人都更接近文明人所丧失的天真、自然、野生的同情。在卢梭笔下，还有一个地位高的女人，叫作朱莉，也有泰蕾兹的这些品质。卢梭在书信体小说《朱莉，或新爱洛伊丝》（*Julie, ou la nouvelle Héloïse*，1761，下文简称《朱莉》）[1] 中对于朱莉写道："对于这样一个崇高的灵魂来说，人类的激情似乎是太卑微的东西，既然您像天使一样美丽，您也要像天使一样纯洁。"卢梭还写道："纯洁啊，我在对你的崇拜中喃喃自语！所有被你的魅力激起的欲望都在你灵魂的完善中熄灭。"

卢梭在蒙莫朗西隐居地写作的《朱莉》，于 1761 年出版，使卢梭蜚声国际。卢梭读过理查森的《克拉丽莎》，感到振奋并受到启发，在他的这部书信体小说中写了善良的、共情的朱莉·德·埃特朗日（Julie d'Étranges）和她的家庭教师圣普罗（Saint-Preux）的爱情故事。圣普罗是平民出身[2]，在小说中以上的引文就来自他的笔下。两人的爱情不是门当户对，不可能持续下去，所以朱莉在她的情人圣普罗的同意下嫁给了德·沃尔马（de Wolmar）先生。然而，圣普罗还是陷入了深深的危机，在悲痛中环游世界，并想着自杀，给朱莉写下绝笔信。最后，

1　该书书名通常的简化翻译是《新爱洛伊丝》，但下文中作者将该书简称为《朱莉》，为与德文原文保持一致，译文遵照原文的翻译。

2　朱莉·德·埃特朗日是贵族出身。

圣普罗作为朱莉的情夫融入了她的婚姻幸福之中。[1] 这样一来，纯洁的朱莉就成了一个健康的小乡镇的中心，在这个小乡镇里，既没有竞争，也没有自恋，而是由纯粹的同情确保了友善的共同生活，每个人都能在其中找到自己的位置。然而，朱莉和理查森笔下的克拉丽莎一样，在结局死去了。朱莉在尝试拯救溺水的儿子时，染病死去。我们在此不得不猜测，卢梭的这一处理取材自他因母亲死于产褥热而受到的心理创伤。

由于当时的社会状况，《朱莉》成为超级畅销书，毫无疑问地使卢梭成为明星，成为敏感性的"超级传播者"。这部书信体小说被重印了 70 余次，常常售空，以至书商们开始按小时计费来出借此书。女读者们被深深地触动，甚至连麻木不仁的军官，都去拿手帕擦拭眼泪。其中，某个叫路易·弗朗索瓦（Louis François）的军官告诉卢梭，他对于这个纯洁女人的死亡，流下了"甜蜜的眼泪"，他之前从未像这样流过泪。

朱莉是完美的灵魂，是美德的缩影，是自爱的化身。的确，地位较高的女性也被督促去进行各种装饰和打扮，然而与男性在竞争性战斗中精疲力竭并"要求占有对方的情人"不同，女性更接近自然的根源。女性养育人、关心人、同情人，女性给予人生命，并反对功利性的理智[2]，对于卢梭来说是善的化身。卢

1　婚后，朱莉仍与圣普罗通信，但德·沃尔马并没有对此气急败坏，而是和圣普罗一起爱着朱莉。
2　原文此处用"antiintellektuell"形容女性，此词一般直译为"反智的"，但在此处是指反对工具化的、无情的理智，是褒义。

梭认为，女性"把自己的感情寄托在别人身上"，并关心他人的幸福。而竞争性的私爱对于女性来说是陌生的。

女性比男性更有道德吗？令人联想到女性的品质如体贴和关怀（例如，当今仍主要由女性完成的护理工作），是否比令人联想到男性的竞争具有更高的道德价值？男性气质是有毒的，而女性气质天生就是好的？持这种观点的人，深受卢梭思想的影响。更重要的是，卢梭在浪漫主义时代前提出的"女性气质和自然重合"，几乎预言了当今的情况。毕竟，如今正是年轻女性在动员全世界的人们反对气候变化，反对以牺牲自然为代价的竞争性利润最大化。格蕾塔·通贝里和路易莎·诺伊鲍尔[1]，不正是 21 世纪的朱莉？

当然，这是一种挑衅性的夸张。21 世纪的女性活动家们绝不像卢梭描写的女主角那样沉浸在天真的善良中。然而，令人震惊的是，我们的时代在很大程度上被"善良的女性气质"与"邪恶的男性气质"的对抗打下了烙印。

这里的重点不是贬低上述女性的成就，也不是贬低令人联想到女性的品质（例如关怀）。恰恰相反，重点在于，我们要意识到，将女性美化为在道德上天然地更优越的人，并把女性的生存束缚在对善的固守上，也是受到父权制思维模式的影响。

1　格蕾塔·通贝里（Greta Thunberg，2003— ），瑞典气候保护人士，曾组织气候罢课。路易莎·诺伊鲍尔（Luisa Neubauer，1996— ），通贝里的德国追随者。详见知识背景 19。

在父权制思维模式看来，性欲和竞争都是男性的事。因此，卢梭在他著名的教育小说《爱弥儿》（*Émile*, 1762）中明确指出，性生活放纵的女性会破坏"自然的所有纽带"。卢梭认为，欲望强的女性是被文明异化的女性。在这部教育小说中，卢梭主要关注了孩子的成长，他认为必须让孩子远离文明的影响。孩子的美好天性只有在农村才能良好地发展。女性只有保持羞怯和矜持，只有在对诱惑的拒绝中，才能与孩子相遇。对诱惑说"不"是真切和无辜的标志，也是"消极教育"（negative Erziehung）[1]的核心，正如卢梭在《爱弥儿》中描述的那样。

最近，"说不"成为女性主义运动的口号。这个口号是一把双刃剑，一方面，它反映了女性主义的主张；另一方面，如果我们考虑卢梭的观点，它带有反对女性主义的意味。反对男性（性）暴力的运动，在社交媒体上聚集在主题标签 #Neinheißtnein（"说不就是拒绝"）之下，在 2016 年德国的性犯罪法改革中发挥了重要作用。[2]"说不就是拒绝"的意思是：当性行为可能发生时，女性"说不"或发出"不"的信号时，她的意思是拒绝，任何无视女性的拒绝的人都会被起诉。

毫无疑问，"说不"的积极一面在于女性的自决权，这种自决权以一种牢不可破的方式表现在"说不就是拒绝"的口号中。"说不"的女人是自主的，不是男性欲望的镜子。但按照卢梭的

1　卢梭的"消极教育"主张维护孩子的善的本性，反对将孩子与同龄人进行比较，反对现代文明中的恶习对孩子的影响。

2　详见知识背景 7。

见解，"说不"可以从一个完全不同的角度来解读。女性主义的
"说不"也可以说是一种思想传统，它将女性气质等同于无辜，
并要求女性克制性欲。卢梭在谈到女性时写道："（性行为可能
发生时，女性）嘴上总是说不，而且必须说不。"

　　卢梭认为，一边是（男性的）欲望，另一边是（女性的）"灵
魂的完美"。正是卢梭这种将男女明确地分为纯粹的身体刺激和
有德行的共情的二分法，从女性主义的角度来看，是有问题的。
在这种世界观中，一个参与竞争的、有欲望的女人，一定会显
得病态，甚至是反常的。

　　尖锐地说，良善成了女性的监狱。没有人比多纳西安·阿
方斯·弗朗索瓦·德·萨德更津津乐道地利用这一点了。这位
著名的色情作家颠覆了敏感性的基本参数，他认为暴力——尤
其是针对良家妇女的暴力，在本质上并不令人厌恶。相反地，
根据萨德的说法，这正是情欲的起源。通过这一发现及其激进
的文学表现，萨德无情地揭露了现代社会的空虚，揭露了与之
相关的启蒙运动的共情理论的无根无由。马克斯·霍克海默[1]和
西奥多·阿多诺[2]在《启蒙辩证法》（*Dialektik der Aufklärung*）
中提到萨德时写道："在启蒙运动中，推行道德学说是一种无望

1　马克斯·霍克海默（Max Horkheimer, 1895—1973），德国哲学家、社会学家、
　　法兰克福学派创始人之一。在 20 世纪 30 年代致力于建立一种社会批判理论，
　　与阿多诺合著的《启蒙辩证法》一书为社会批判理论提供了模式。
2　西奥多·阿多诺（Theodor W. Adorno, 1903—1969），德国哲学家、社会学家、
　　法兰克福学派第一代主要代表人物，社会批判理论的理论奠基者。著有《启蒙
　　辩证法》《新音乐的哲学》《否定的辩证法》等。

的努力。当宗教式微时，启蒙者寻求以一种知识基础来替代宗教，从而让人能在社会中立足，然而，这是徒劳的，因为人们对说教的兴趣下降了。"此外，萨德还抽走了休谟和卢梭的道德哲学的根基，萨德认为，在自由主义者的无神论宇宙中，同情具有彻头彻尾的施虐狂征兆。

萨德理解的敏感性

本书描述的许多反常（性）行为，无疑会让你感到不快，这是众所周知的；但也会有一些反常行为，会令你着迷到射精的程度，而这正是我们想要的。

1785 年法国大革命前夕，萨德侯爵在巴黎巴士底狱的牢房里这样写道。这部题为《索多玛的一百二十天：放纵学校》（"Les Cent Vingt Journées de Sodome, ou l'École du libertinage"）的手稿是萨德在很短的时间内一气呵成地写完的。该作品完成后，作者把它夹在牢房的方石之间。巴士底狱被攻破时，这些手稿不见了。直到很久以后，这些手稿才被重新发现，并于 1904 年出版。

萨德来自一个高贵的、备受尊敬的家庭。在此之前，他已经坐过一次牢。1763 年秋天，一个 24 岁的女孩向警察举报了萨德。该女孩叫让娜·泰斯塔尔，是个妓女。她在警察局说，有一个金发碧眼、身材修长的男人，把她带到他家，锁上门。他把她带进一个名副其实的"刑讯室"，那里已经备好了桦木棒、可加热的有金属尖端的钳子，以及其他各种可怕的刑具。女孩说，她能够及时解救自己并逃脱，真是一个奇迹。

然而，后来许多遭受萨德毒手的女性就不那么幸运了。罗斯·凯勒（Rose Keller）案对于萨德来说是棘手的，该案件的某些细节令人想到当今的性虐待案。报警者罗斯·凯勒是一个来自德国的年轻女子。罗斯对事件的描述如下：萨德以寻找女仆为借口将她引诱到他的房子里。门一关上，萨德就突然命令她脱掉衣服，否则他将杀死她并把她埋到花园里。然后萨德只穿了一件无袖披肩，一件浴袍，把她绑在床上，用鞭子和棍子打她，甚至用刀划伤她。之后，萨德将封蜡和白兰地倒在她的伤口上。

萨德的说法有所不同，在接受警察讯问时，他强硬地声称那个女孩知道会发生什么，是自愿来的。萨德说，罗斯高兴地跳上床，趴着让他用绳子打结制成的鞭子（绝不是桦木棒！）抽打她。罗斯所说的刀具和封蜡也都是虚构的！他只是事后给她擦了一种白色药膏。

最终，萨德和罗斯·凯勒就赔偿问题达成了一致。罗斯·凯勒收到 2400 里弗尔[1]。自此，当局盯上了萨德。更多的性犯罪行为接踵而至，女性们报警说萨德迷奸她们，在她们昏迷时强制进行肛交。1777 年，萨德侯爵终于被判处七年徒刑，在万塞讷

1　里弗尔（livre）是法国 1795 年把法郎定为标准货币前所用的一种货币单位。

服刑。萨德曾尝试越狱，未遂，被转移至巴士底狱，在那里一直待到1789年。然而，在写作方面，服刑期间是他最高产的时期。除了《索多玛的一百二十天》之外，在狱中，萨德侯爵还写下了他的10卷本色情巨著《朱斯蒂娜和朱丽叶》[1]的第一版。

这部小说于1797年在荷兰首次出版，讲述了两姐妹的性冒险经历。两姐妹在富裕的父母去世后，靠自己挣钱生存。她们的性格迥异。朱丽叶只服从于自己的欲望，为此她不惜谋杀，也对此毫不畏惧。根据为萨德写传记的作者的说法，朱丽叶是以萨德热恋的他的嫂子为原型的。而朱斯蒂娜则是纯洁和无辜的化身，仿佛是卢梭笔下的朱莉和理查森笔下的克拉丽莎的转世。自从姐妹俩分道扬镳后，朱斯蒂娜一直被无情的性放荡者虐待、殴打、强奸。在敏感性小说家笔下，色情总是藏在沉默的面纱之后，而萨德却对此做了极尽细致的描写，其色情程度几乎与如今的硬核群交色情片没两样。

萨德首先采用他那个时代的基本流行假设，即"暴力只能产生厌恶和同情"，并通过相应描述将其归于荒谬。让我们回想，卢梭的《朱莉》是怎样描写的？一位军官读后流下了"甜蜜的眼泪"，大概是这样吧？

而萨德就是我们通常所说的"性欲反常的"（pervers）人。此词可以从字面来把握，它源自拉丁语，拉丁文"perversus"

1　此为德文版 *Justine und Juliette*，翻译自法文版《朱丽叶传，或罪恶的繁荣》（*Histoire de Juliette, ou les Prospérités du vice*）。

的意思是"扭曲的、颠倒的"。通过将人类罪恶的深渊推到极致，并将人性的恶激发出来，萨德把人们深信不疑的东西扭曲、颠倒，让其走向其反面。萨德发问道：难道只有善行才能通向幸福（这是休谟的观点）？难道灵魂的完善优先于性的欲望（这是卢梭的观点）？对此，萨德让他书中的一个性放荡者解释道：

> 如果人能更清醒地意识到他在性欲行为中所追求的目的，他就能使他的心免于那种可怕的、烧灼和耗尽一切的狂热。如果人能坚信"满足性欲绝不需要被爱，爱对于陶醉于性欲弊大于利"，那么他就会放弃这种蒙蔽他的形而上的狂热，而满足于简单的身体享乐，最终会体验到真正的幸福，并使自己永远摆脱爱的悲伤，这种悲伤与它充满危险的敏感性密不可分。

通过这段话，萨德将他的手指深深地插进了现代社会的伤口，因为如果上帝不再是道德和礼仪的根源，那么应该由什么事物来促使人们去做善事呢？况且，这些善事对人们没有任何好处，只会使之更深地陷入不幸（例如，朱斯蒂娜在小说结尾被闪电杀死）。

这是朱斯蒂娜的妹妹朱丽叶充分体现的见解，朱丽叶的生存完全是为了邪恶的性欲。朱丽叶像男人一样强奸和折磨他人，甚至她的射精也与和她性交的放荡者相差无几。朱丽叶是一个彻底男性化的女人。尽管她很邪恶，但比她天真顺从的姐姐要解放得多。

简而言之，萨德的作品表明，共情绝不总是伴随着善的思想。相反地，激进的物质主义者把截然相反的观点发挥到极致，并认为一个人强烈的同情是为了能够更有效地折磨他人。在萨德之后，马克斯·舍勒写道："虐待狂所造成的痛苦或折磨，完全是以共情的方式实现的！虐待狂恰恰从'折磨'和受害者所受的苦难中获得乐趣。通过在共情行为中感受受害者的痛苦，或感受受害者所受痛苦的加深，虐待狂就会更加享受于他人痛苦，原先的愉悦也会增长。"

文明的更高阶段？

现在，让我们离开敏感性的世纪，回到当下。本章关注的核心，是揭露现代的敏感性的阴暗面。因为只有这样，我们才能明白以下问题的原因和程度：在我们的时代被再次重视的共情，尽管有各种进步性，但也带有潜在的问题。与受害者共情，并体会他们的痛苦，是正确而重要的。只有这样，我们才能承认他们所受到的不公正对待；只有这样，我们才有机会实现正义。但纯粹的感觉并不是道德。没有什么能使我们从判断的必要性和随之而来的疏远中解脱，因为不是所有能引起共情的东西都值得声援和承认。

作为一种感情，共情本身就有阴暗面，即可从他人的痛苦中获得快乐。当人真的被绑缚在受害者的位置上时，这一阴暗面就会体现出来。例如，让你作为"族长"为某个群体说话，庇护他们，并从他们的角度讨论那些针对他们的歧视性概念。或者，通过自降为一个"无助的生物"，来想象女性的处境。

此外，共情的阴暗面还体现在它能够释放的暴力之中。感情的传染，无论感情的好坏，都会挑动群众。

在这一点上，进化生物学家斯蒂芬·平克[1]的"在历史进程中，暴力实际上已经减少"的论点是值得怀疑的。人类的破坏性影响不会简单地消失。相反地，这些影响转移到了一种共情的虐待狂中，并呈现为越来越微妙的形式，如弗里茨·布赖特豪普特[2]所说的"惩罚，以及许多日常的行为如羞辱、贬低、脱光衣服"。

对共情的颂扬还蕴藏着另一个问题，这将是以下两章的主题。如果人类作为一个物种，拒绝共情的二义性，那么就剥夺了自身的有决定性意义的自我保护潜力和防御潜力。更尖锐地说，如果人类韧性的秘密在一种古老的生存冲动之中，在一种无意识的驱动力之中，那会怎样？这种驱动力警醒人们去想人类史前时期，在那个人类弱小无力的时代，是这种驱动力阻止了威胁人类生存的毁灭。

下一章，让我们穿梭到 1915 年的时空。在此之前的几个月，第一次世界大战爆发，这场战争将使两千万人丧生。西格蒙德·弗

1　斯蒂芬·平克（Steven Pinker，1954— ），以广泛宣传演化心理学和心智计算理论的心态而闻名，著有《人性中的善良天使》《语言本能》《思想本质》等。
2　弗里茨·布赖特豪普特（Fritz Breithaupt，1967— ），德国文化学家、认知科学家。著有《共情的阴暗面》等。

洛伊德，精神分析的创始人，此时年近 60 岁，住在维也纳。受令人震惊的战争影响，他以《应时而作——关于战争和死亡》（"Zeitgemäßes über Krieg und Tod"）为题，写下两篇文章。与此同时，有一个 19 岁的德国青年在法国前线，他的名字叫恩斯特·容格尔。

第四章

我们心中的暴力

弗洛伊德与不灭的原始性

弗洛伊德在"一战"开始几个月后写道：

> 我们不愿意相信的战争现在爆发了，这令人失望。由于
> 攻防武器的强大和完善，这场战争不仅比以前的任何战争都
> 更血腥、更充满欲望，而且至少和以前的任何战争一样残酷、
> 激烈、不留情面。

弗洛伊德还发问：如何解释群体的战争热情和个体的残暴
行径？诸如国际法这样的人类文明成就，怎么会突然不算数了
呢？文明的进步，按理说根除了人类的恶的倾向，并在教育和
文化环境的影响下，用向善的倾向取代了从恶的倾向，为什么
会容许这样的战争发生？

对于其原因，弗洛伊德给出的答案是：恰恰是这种"人类
已经攀升到更高道德水平"的假设，根本不成立。事实上，这

个假设是一个"幻象"，具有严重后果。[1]弗洛伊德明确地指出："在现实中不存在对恶的'根除'。心理学（严格意义上说是精神分析）的研究表明，人类最深层的本质更多地在于原始自然的本能[2]。所有人的本能都是相似的，都旨在满足某些原始需求。"这些"利己主义"和"残忍"的本能，本身既不是善也不是恶，而是"被后来的文明社会视为恶，从而被唾弃"。出于这个原因，本能主要在梦中体现。在梦中，我们"像丢弃一件衣服一样丢弃我们辛苦获得的道德"。

对弗洛伊德来说，可怕的问题并不在于我们对于我们的"冲动秉性"（Triebveranlagung）的负面评价（否则文化怎么会产生？），而在于情感的二义性仍然存在于现代人身上，并且未被发现和认识。弗洛伊德在其著作中写道："强烈的爱和强烈的恨"通常结合在同一个人身上，一切都取决于此人是否和以何种方式处理令人厌恶的一面，取决于此人是否和以何种方式约束、转化、吸收自身的冲动秉性。

在弗洛伊德看来，更致命的是，"文明社会要求有道德的行动，而不关心其背后的本能"，甚至追求"尽可能地把道德要求张紧、拉高"。这个说法不仅解释了众多的神经性病症，而且（让我们回到战争的话题）解释了教育让人们纯粹地服从于文明。但这种服从是极其脆弱的，弗洛伊德认为，战争是一个合适的

1　甚至在当今，其后果仍然可能体现在对所谓"白左"（Gutmensch）的批评中。——作者注（关于"白左"，详见知识背景 13。——译者注）

2　"本能"（Triebregung）一词由"驱动力"（Trieb）和"冲动、激动"（Regung）构成。

机会，可以让那些被费力地压抑着的本能释放出来，他写道：

> 在社会不谴责暴力的地方（例如在战场上），对邪恶欲
> 望的压制也会停止，人们会做出残忍、阴险、背叛、野蛮的行为。
> 而在此之前，人们曾认为这些行为是与其文化水平不相符的。

文明水平可以"倒退"得很远，以至再也无法完全恢复昔日的水平。相反地，唯独惨绝人寰的野蛮能不断地再现，因为"在最全面的意义上，原始的精神是不灭的"。

根据弗洛伊德的说法，不仅滥杀可以用这种原始性的存在来解释，英雄主义，即面对令常人深深恐惧的死亡时的毫不畏怯，也可以追溯到原始性。弗洛伊德进一步解释说，原始人不怕死，他们没有罪恶感。原始人甚至杀死近亲，而没有负罪感，因为相较于我们，他们在看待近亲的死亡时，更没有限制。原始人对待近亲就像是对待陌生人，甚至是敌人。这种原始的想法一直延续到现在，进入了"无意识"。弗洛伊德总结说，我们的无意识看待死亡"几乎和原始人一模一样，所以我们的无意识不相信自己的死亡，无意识表现得就像它是不朽的一样"。因此，在弗洛伊德看来，英雄主义与其说是与抽象的理想有关，不如说是与我们心中的原始性有关，他写道："我认为，更多的时候，本能的和冲动的英雄主义，没有什么动机，仅仅是不畏危险。"

弗洛伊德不是一个赞同战争的人，相反地，他是出于深深的震惊而写下了这篇论文。然而，他认识到，"不畏死亡"中隐

藏着一种力量。弗洛伊德认为，我们身上的原始性，与韧性的力量有着深刻的联系。

此外，正如弗洛伊德所写的，战争体现了某种现实感(Realitätssinn)。在战争中，死亡没有被压抑，而被认为是一种真实的可能性。弗洛伊德认为，这种现实感关乎一种生存的精彩激烈程度(existenzielle Intensität)。如果我们把生命看得太重，就会失去这种精彩激烈。弗洛伊德写道：

> 如果我们在人生游戏中不敢下最高的赌注（也就是生命本身），那么人们就对这个游戏不感兴趣，人生[1]也就变得索然无味。人生会变得像美式调情一样乏味，缺乏实质内容。在美式调情中，一切发展我们事先都已经知晓，不会出现意外事件。

然而，对弗洛伊德来说，文明人所幻想的"不朽"(Todesferne)[2]，似乎比这种人生的乏味更严重。正如弗洛伊德在论文中展开论述的那样，谁讳言死亡并屈从于对死亡的恐惧，谁就错误地认识了死亡的来源，也错误地认识了死亡从古至今存留在我们身上的历史。弗洛伊德写道：

1　此处以及本段剩余部分所提到的"人生""生命""生活"，都对应德文的"Leben"一词。
2　此处利用了"Todesferne"一词的二义性。Todesferne，直译是"远离死亡"。

我们难道不应该承认，通过我们文化中对死亡的态度，我们又一次在心理上僭越了我们的地位[1]？难道我们不应该回过头来，去承认"人会死"的真相？在现实中和在我们的思想中，给死亡以应有的地位，并进一步突显对死亡的无意识态度（这种态度我们至今一直小心地压抑着），岂不是更好吗？

弗洛伊德的这些句子，在我们今天看来或许是极为危险的，因为我们把保护生命视为文化中最有价值的财富，尤其是在新冠疫情的背景下。然而，当下也告诉我们，正是对生命的无条件保护阻止了生命（此处指美好的、值得过的生活）本身。弗洛伊德的阐释也必须在历史背景下进行解读，在当时，死亡是无处不在的，数百万人的死亡是不可避免的。弗洛伊德呼吁承认"死亡是一种现实"，以便"更多地考虑到真实性，使人生重新变得更容易承受"。这是与古希腊斯多葛派相近的一种见解：你不能改变的，就坦然接受。

恩斯特·容格尔的内心体验

然而，弗洛伊德自己也承认，他只是作为一个远观者来了解战争的现实。在他写作《应时而作——关于战争和死亡》时，

---

1 "僭越了我们的地位"是指人如果不朽，就与神灵比肩了。

尚未（或者极少）对受过战争创伤的老兵进行过心理治疗，因此他在文中一处写道："研究战士的心理变化当然非常有趣，但我对此知之甚少。"

从今天的视角来看，可以说恩斯特·容格尔为弗洛伊德的理论提供了极其重要的证据。弗洛伊德，精神分析的创始人，会发现他关于无意识的假设在容格尔身上得到了证实。根据那个时代的价值观，容格尔算是最英勇的人之一。

当弗洛伊德在维也纳写作，并试图理解"战时的纷乱"时，容格尔作为一名士兵，正在亲身体验战争，并在日记中记录着这些体验。容格尔最成功的著作《钢铁风暴》（*In Stahlgewittern*）就是由这些日记加工而成。

1915 年初，容格尔刚刚和他的连队抵达香槟行省，并驻扎在奥兰维尔小镇的学校里。[1] 作为一个年轻人，容格尔此时尚未真正接触过战争，但这将在"第一个战斗日"改变。容格尔写道：

> 我们坐在供我们驻扎的学校里吃着早餐。突然间，附近响起了一连串沉闷的声响，各个屋子里的士兵都冲向村口。紧接着，黑压压的队伍出现在原本空无一人的村庄道路上，他们或用帐篷帆布，或用交叉的双手拖着黑布包裹的伤员。我非常惶恐不安，有一种不真实感。我盯着一个浑身是血的

1　香槟行省（Champagne），是法国在 1361 年到 1790 年设立的行政区，此处沿用了古称。奥兰维尔小镇（Orainville）如今属于法国拉昂区（arrondissement de Laon）。

人，他的腿松松地挂在身上，折而未断，我从未见过这种景象。他不停地嘶喊着"救我！"。

接着，附近的城堡遭受炮击，13人死亡。容格尔写道：

> 尽管随时都可能再次被炮击，但强烈的好奇心将我吸引到士兵们阵亡的现场。在现场，街道被大摊的血染红，周围散落着被炸穿的头盔和腰带。村口的厚重铁门被撕破，被炮弹碎片打成了筛子，路缘的石头上溅满了血。我感到我的眼睛像被磁铁吸住一样紧紧地盯着这个景象，同时我的内心也发生着深刻的变化。

弗洛伊德用理论描述的东西，在容格尔记叙的这种"蜕变"（Metamorphose）中，变得生动起来：原始性的东西出现了，震惊（Schock）减轻了，甚至转化成魅力（Faszination）。亲眼看到恐怖的景象，将他抛回了原始的史前时代。这种状态不仅使他能够承受死亡，甚至使他从那时起开始专门去追求这种体验，尤其是追求弗洛伊德所谓的"生存的精彩激烈程度"。容格尔在日记中写道：

> 战争生活现在对于我来说是一种真正的乐趣。持续不断地把生命作为赌注的游戏，有着很大的吸引力。一个人活着、体验着、博得荣誉——而这一切只需要以一条贱命为赌注。

在战争中，容格尔数次受重伤，也数次朝敌人开枪并杀死敌人，见过战友如何死去，但直到战争结束，战争的恐怖也没有减少其不可抗拒的吸引力。[1]

1920 年，即战争结束两年后，容格尔的《作为内在体验的战斗》（*Kampf als inneres Erlebnis*）出版。从书名可以看出，容格尔的反思在很大程度上触及了弗洛伊德的理论。容格尔认为，战斗是一种永恒的、原始的东西，我们每个人的内心都深藏着战斗。容格尔写道：

> 然而，当村庄和城市不再被焚烧，战争并没有消亡；当数百万人不再在战火中握紧拳头浴血拼杀至死，战争并没有消亡；当人们不再把哭号着的、被布包裹的伤员捆缚在随军医院的清空的桌台上时，战争并没有消亡。战争也不像许多人想象的那样，诞生于少数政治家和外交家的霸业和阴谋。这都是表面上的。战争的真正根源深藏在我们的胸中，一切有时席卷世界的恐怖，只是人类灵魂的反映，只是人的战争本能在外部事件中的显现。

当然，容格尔承认，战斗已经变得高度技术化，工具已经升级为"知识的器官"[2]。他写道："但在一个不断闪亮的抛光外

1　尽管容格尔也强调地写过"这该死的战争何时才能结束？"，但这不影响战争对他的吸引力。——作者注

2　此处"知识的器官"是指在冷兵器战争中，我们用手和腿等器官作战；在"一战"中，用科技知识制造的工具已经像这些器官一样有用。

壳下，在我们像魔术师一样挂满自身的各种衣服下，我们仍然像打猎放牧的原始人一样，赤裸而野蛮。战争撕裂了欧洲社会，体现了这一点。真实的人，在一场浴血狂欢中补偿了自己所错过的一切。在战争中，他长期以来被社会和法律遏制的本能，再次成为唯一而神圣的东西，成为他最后的理性。"在战争中，人抛弃了文明强加给他的"掩饰"，"像原始人一样赤裸着跳出掩饰，像穴居人一样不受约束地发挥着他的本能。在战斗或战争中，人类的一切协议，像乞丐打补丁的破烂衣服一样被撕碎；人的兽性，像一个神秘的怪物，从人的灵魂的谷底跃起"。

关于原始性，除了弗洛伊德，哲学家阿图尔·叔本华[1]的思想也有不可忽视的影响。叔本华关于意志的形而上学深深地影响了精神分析。叔本华认为，"意志"是人类行为和世界现象的根本原因，是一种纯粹的、无意识的生存冲动，它渗透到一切事物中，并蔑视死亡。用容格尔的话说，它是一种"生存的、战斗的、权力的意志，即使它是以生命本身为代价。在不舍昼夜地涌向战斗面前，一切价值都变得虚无，一切概念都变得空洞，人们感到一种基本的、暴力的东西在发声。这种东西过去是如此，将来也是如此，即使人和战争都不存在了，这种东西仍是如此"。

---

1 阿图尔·叔本华（Arthur Schopenhauer，1788—1860），德国哲学家，唯意志论创始人。将康德的"物自体"概念定义为意志，并在这一基础上对整个世界进行了阐述。著有《作为意志和表象的世界》等。

痛苦守恒原则

然而，如果按照恩斯特·容格尔的看法，战争的严酷是我们的本性的核心，那么我们如何体验或忍受和平繁荣的柔和？容格尔假设残酷性是原始的、无所不在的，并提出了这样的论点：痛苦作为一种核心经验是无法从世界上根除的。容格尔写道："没有人能安全地与痛苦隔绝。"诚然，人类已经做出了无数的努力，推出了驱逐痛苦的措施，例如"废除了酷刑和奴隶贸易，发明了避雷针、天花疫苗、麻醉剂、保险制度，打造了一整个在技术和政治上安全而舒适的世界"。但这并没有使痛苦消失，只是让痛苦转移或转变到其他更文明却仍然充满苦难的现象中。容格尔写道：

> 在免于痛苦之处，痛苦总是根据某种特定的经济规律恢复了平衡。我们可以改写一个著名的经济学术语[1]，称之为"痛苦的狡猾"，因为痛苦总能通过一切手段实现其目标。因此当人们看到眼前宽广而舒适的状态时，可以不再追问在哪里承担负担。于是，无聊（Langeweile）无非是痛苦在时间中的消解。

1　即把"市场的狡猾"（List des Markts）改写为"痛苦的狡猾"（List des Schmerzes）。容格尔认为，痛苦像市场一样，总是能用某些手段恢复到平衡状态。

容格尔还认为，心理学之所以主要被视为一种科学，并且"与痛苦有最内在的关联"，是因为心理学遵循"痛苦守恒原则"（Konstanzprinzip des Schmerzes）[1]。当痛苦在身体上变得几乎无法察觉时，就转移到精神上，在灵魂中肆虐。

容格尔写道："无处释放的痛苦的总和，积累成一种无形的资本，以利息和利滚利的方式倍增。"身体的疼痛是一种能量的消散，是紧张的释放。疼痛越是被文明根除，就越是被人为地制造出来（例如极限运动、自残、往皮肤上刻字）。

此处值得我们驻足回味一番。容格尔的这种见解，即"疼痛不会消失，而是转变和转移"，其实我们在谈论诺贝特·埃利亚斯时已经或多或少地触及了。通过抑制冲动，文明的进程不仅使世界更加和平，同时也带来了新的精神上的痛苦。当然，这一见解也是弗洛伊德精神分析以及一般心理学的基本依据。此外，这一见解在尼采的著作中也有体现，尼采在《道德的谱系》（Genealogie der Moral）的第二篇论文中写道：

> 只要人的攻击性的向外发泄被抑制，其精神痛苦就会增加。由于缺乏外在的敌人和阻力，人被令人窒息的狭隘和习俗的规律性禁锢，开始承受自己造成的痛苦。人不耐烦地撕碎自己，迫害自己，啃咬自己，惊吓自己，虐待自己，像一

1　弗洛伊德在《超越快乐原则》（Jenseits des Lustprinzips，1920）中用过"守恒定律"（Konstanzprinzip）一词，而此词可追溯到物理学和古斯塔夫·费希纳（Gustav Fechner）的心理物理学（Psychophysik）。

只困兽，在笼中横冲直撞，遍体鳞伤。

　　换句话说，在文明的历史进程中，外在暴力越来越多地被内在暴力取代，表现为折磨和束缚人的良心。在这个阶段，痛苦一定程度上被扬弃了，痛苦表现为自我鞭笞、自我折磨、自我否定，在最坏的情况下甚至表现为自我毁灭，即自杀。

　　我们对文明进程进行以上的批判，不是渴望回到现代以前的野蛮时代。在野蛮时代，人们受惩罚时要经受折磨，并遭受最可怕的痛苦。[1] 重要的是，我们要意识到，痛苦仍然存在于我们这个时代高度敏感化、高度被控制的自我中，只是采用了一种不同的、内化的形式。

　　为了追踪这种从外在暴力到内在暴力的发展，让我们稍微偏离主线，对 18 世纪的情况做一些说明，然后我们再回到对容格尔的讨论。当让－雅克·卢梭在蒙莫朗西的乡村写他的《朱莉》时（见第三章），在离这个浪漫宁静的地方只有几公里处，另一个人正在遭受酷刑。

惩罚的暴力

　　1757 年 3 月 28 日，在巴黎的格列夫广场[2]，一个人发出绝望

1　当然，世界上的部分地区如今仍然使用酷刑来惩罚人。——作者注
2　格列夫广场是巴黎市政厅广场的旧称。该广场是巴黎执行死刑的地方。

的叫喊。罗贝尔-弗朗索瓦·达米安（Robert-François Damiens）被指控"企图弑君"。达米安"几乎一丝不挂，只穿了一件衬衣"，首先，行刑者用硫磺烧火，焚烧达米安试图用来弑君的那只手。然后，一个刽子手走近达米安，拿着长长的钢钳，用很大的力气从他身上撕下肉块。刽子手先撕下右脚上的肉，然后是大腿、手臂，最后是乳头。达米安哭喊着，乞求上帝的宽恕，但这无济于事。根据判决书，沸腾的液体被注入他"像月桂塔勒[1]一样大"的伤口，注入的液体有"熔化的铅、沸腾的油、燃烧的沥青树脂、用硫磺熔化的蜡"。当人们开始把绳索套在他的四肢上时，达米安的痛苦变得更加可怕。人们把绳子紧紧地绑在他的两条胳膊和两条腿上。然后，四匹马被牵上来，每匹马都被套上其中一条绳索。突然间，四匹马开始拉动，开始肢解达米安。但达米安很牢固，尽管他的关节断裂，但手臂和腿留在躯干上。人们又牵来两匹马，但也没有产生预期的效果。刽子手要求法庭的书记员询问法官大人接下来如何行刑，书记员出发去问，这自然需要时间。在这段时间，达米安还能有什么选择？他忍受着痛苦，等待着他不可避免的结局。过了一会儿，书记员回来了，说要继续尝试用马拉来肢解。几匹马被驱赶得更厉害了，其中一匹累倒在路面上。此时两名刽子手干脆从口袋里掏出刀，深深地切入达米安的肉里，割断肌肉，使之更容易被马拉开。几

1　月桂塔勒（Laubtaler）是法国自 1726 年开始铸造的一种钱币，上面印有月桂枝条图案，直径约 4 厘米。

匹马顶着挽具拼命地拉，这次终于成功了。

　　达米安，准确地说是他所剩的残肢，此时是死是活，人们没有统一意见。然而，躯干和断肢还是按计划被扔入火堆，火焰熊熊燃烧了四个小时。

　　第二天，一只狗躺在灰烬中取暖。虽然被人驱赶，但这只狗还是不断地返回，因为达米安的身体部位燃烧之处仍然温暖。

　　以上是米歇尔·福柯（Michel Foucault）在其影响巨大的著作《规训与惩罚：监狱的诞生》（*Surveiller et punir：Naissance de la prison*，1975）的开头所描述的场景。在这篇论著中，福柯追溯了 18 世纪末到 19 世纪初欧洲行刑方式的巨大转变。福柯写道："在几十年内，拷打、肢解、断肢、在脸上或肩上打烙印、活体示众、死后示众等酷刑已经消失了。身体已经不再是惩罚[1]的主要对象。在 18 世纪末 19 世纪初，尽管有若干盛大的尾声，但黑暗的行刑庆典[2]即将消亡。"

　　事实上，达米安属于最后一批死于四马分尸[3]的可怕折磨的人。惩罚自此越来越多地与身体上的痛苦脱钩。福柯写道："惩罚不再是一种难以忍受的感觉的艺术，而是一种暂停权利的经济。"法国大革命期间引入的"断头台"，尽管其名称可能在今天听起来仍然可怕，但却是这条发展道路上的重要一步。1789

1　在本节中，"惩罚""惩戒""纪律"等词，都对应原文的"Disziplin""Disziplinierung"等词。

2　古代西方处决犯人会有许多人围观，因此作者称之为"庆典"（Fest）。

3　古代西方的四马分尸与我国古代的五马分尸十分相似，只是犯人的头部不套绳子。

年，出于人道主义，医生约瑟夫·伊尼亚斯·吉约坦（Joseph Ignace Guillotin）发明了断头台这种机械斩首装置，以便参照刚刚宣布的人权和公民权利[1]，尽可能在杀死罪犯时不施加痛苦，并且对罪犯一视同仁，不分高低贵贱。在法国大革命中，所有罪犯都可以通过断头台快速结束生命，而在此之前，只有贵族和富人才能死于斩首剑下，而底层人则必须忍受更痛苦的死亡。福柯总结说："断头台几乎不接触身体，就杀死了生命，就像监狱夺走自由或罚款夺走财产一样。"1792年，断头台在格列夫广场首次被投入使用。

如今，世界上大多数国家都废除了死刑。在美国，尽管仍然允许执行死刑[2]，但重要的是要在剥夺生命时不留痛苦。对此，福柯写道：

> 在即将执行死刑前，犯人会被注射镇静剂。这是"有羞耻感的司法"的乌托邦：人们夺去犯人的生命，但避免各种感觉；人们掠夺犯人的所有权利，但不造成苦难；人们实施惩罚，但这种惩罚免于所有痛苦。

但在福柯看来，剥夺自由和没有痛苦的惩罚，绝不是免于暴力。事实上，不仅在监禁行为本身中，而且在监狱一天的细

1　即1789年8月26日颁布的《人权和公民权宣言》（Déclaration des Droits de l'Homme et du Citoyen），简称《人权宣言》。
2　美国曾于1967年废除死刑，但1976年又恢复了死刑。

致规定以及具体的空间安排中,福柯看到了一种权力[1]在起作用。这是现代性的特征,并深深地影响着主体。换句话说,监狱是一个社会的典范,它从野蛮的暴力转向微妙的惩戒,试图改造心灵。福柯是同性恋者,他在现代性及其人类科学的机构(例如学校、医院、精神病院)中看到一种庞大的教育机器,它强行将人们标准化,告知人们如何做爱、如何生活。

哲学家韩炳哲[2]在谈到福柯时写道:

> 在惩戒社会中,痛苦仍然发挥着建设性的作用。痛苦把人塑造成生产资料。然而,痛苦不再被公开展示,而是转移到封闭的惩戒空间,例如监狱、军营、精神病院、工厂、学校。从根本上说,惩戒社会对痛苦的态度是肯定性的。

这种暴力是阴险的,也是难以捉摸的,因为它不是简单的压迫或镇压,而是首先去驯化主体。我们如何追求所欲?我们如何鉴别好坏?我们如何感知周遭?这些问题的答案并不来自我们自身,而是由话语和实践来塑造。当主体不再需要监督者,不再需要监视,而是通过严格的良知来控制自己时,惩戒性的实践和话语就达到了极点。

---

[1] 此处的“权力”(Macht)与上文的“暴力”(Gewalt)是近义词。

[2] 韩炳哲(Byung-Chul Han, 1959—),韩裔德国哲学家。主要研究领域为18—20世纪伦理学、社会哲学、现象学、文化哲学等,著有《倦怠社会》《爱欲之死》《他者的消失》等。

　　总结起来就是，在近代晚期，痛苦显现为皮下的惩戒，甚至显现为军事苦练（Drill）。然而，从这一点出发，恩斯特·容格尔的好战性格和典型的士兵气质（纪律严格、勇敢、服从指挥等），似乎可以从一个完全不同的角度来解释。士兵气质不正是惩戒技术的近乎怪诞的顶点吗？纪律，而不是一种古老的本能，才是士兵的立身之本。容格尔指出，士兵的"否定生命"的无畏理想，在承平日久的软弱时代已经丧失了。如果一个士兵把自己的身体"视为前哨"，视为在战斗中可以牺牲的东西，那么，在现代的敏感性的预兆下，身体本身就成为一种价值，成为"生命本身的本质和核心"。容格尔写道：

　　　　因此，我们发现，与敏感性的世界相比，在英雄和偶像崇拜的世界中，人们对疼痛的理解完全不同。在敏感性的世界中，重要的是把痛苦排斥出去，让痛苦与生命隔绝；在英雄的和偶像崇拜的世界中，则是要把痛苦包括进来，并使人生时刻为遭遇痛苦做好准备。

　　那么，我们是否必须用一种与本章前三节所述全然不同的方式来解读容格尔的著作呢？与其说容格尔的著作是古老的生命本能的证据，不如说它是"冷酷的惩戒行为的学说"。

冷面具与自我甲壳

文化学家赫尔穆特·莱特恩用"冷面具与自我甲壳"（kalte persona und Ich-Panzer）[1] 来总结战间时代 [2] 的战争动员的行动理想。莱特恩认为，疏远（Distanz）和纪律（Disziplin）是这个时代的决定性关键词，展现了"战间时代人们的生存方式"。莱特恩写道：

> 容格尔对时代的诊断是以冷面具的行为学说为指导的，这一点并不令人惊讶。其原则是：谁想行使权力，就必须把他所面对的，从有机的、道德的"伟大"，转变为物理的"感知的对象"。[3] 相关的命令式是："学会接受纪律，将其作为一种合理的形式，这种形式将从意识中去除痛苦的存在。"[4] 然后你将成功地发展出一种"更冷的意识"，使你能够把自己视为一个对象。

1　"persona"是拉丁语，有"面具""角色""人物"的含义。"Panzer"有"动物甲壳""盔甲""坦克"的含义。此处译者翻译时只取了最接近的一种含义。"面具"和"甲壳"都是把人的自我与外界隔开的事物。

2　战间时代（Zwischenkriegszeit）指"一战"结束到"二战"开始前（1918 年 11 月 11 日到 1939 年 9 月 1 日）。

3　举例来说，当将军行使指挥权时，他必须把士兵视为作战耗材（无机的、无生命的）而非活生生的人（有机的、有生命的），必须把士兵视为炮灰（渺小的）而非一个个鲜活的生命（伟大的），必须把士兵视为数字（便于感知的），而不是从人道主义的角度探讨生命的死亡（道德的）。

4　原文中的这句话使用了德语命令式。

　　莱特恩在书中从思想史的角度探讨了这种冷（Kälte）的学说，并发现在战间时代，德国人萌发出对 17 世纪贵族道德的特别兴趣。20 世纪 20 年代和 30 年代，社会学家赫尔穆特·普莱斯纳[1] 在他的《共同体的边界》（*Grenzen der Gemeinschaft*，1924）和《迟到的民族》（*Die verspätete Nation*，1935）中提出并详细阐述了这种兴趣。普莱斯纳的观察，总结起来就是：德国有某种追赶的需要，因为"近现代早期，德国贵族和平民的决定性的对文明的推动，将德国引向一个宗教战争和经济落后的时代"。

　　换句话说，战间时代德国那些"疯狂地追求真切性的人"（Authentizitätsfanatiker），缺乏宫廷的、礼貌的文化，缺乏化装和伪装艺术，他们坚定不渝地弄清自己的根源，并把社会的团结作为一项成就来庆祝。[2] 普莱斯纳基于的假设是，人们在互动中需要人为性（Künstlichkeit），需要社会的公共舞台。

　　在西班牙耶稣会士巴尔塔萨·格拉西安（Baltasar Gracián）

1　赫尔穆特·普莱斯纳（Helmuth Plessner，1892—1985），德国哲学家、社会学家，哲学人类学的主要倡导者。著有《在哲学与社会之间》《哲学人类学》等。

2　此处作者在表达"社会的团结"（das gemeinschaftliche Zusammenrücken）时，没有使用"Solidarität"一词，因为"Solidarität"是赞同"政治正确"的文本中常用的词。"Zusammenrücken"一词更多地令人联想到受民族主义、军国主义鼓动的群氓聚集在一起的形象，因此普莱斯纳（或作者）才贬低这种团结。同时，"gemeinschaftlich"这个形容词对应的名词"Gemeinschaft"，在德语学术界，一般是要与"Gesellschaft"区分的。马克斯·韦伯（Max Weber）认为，Gemeinschaft 是靠主观感觉联系起来的，Gesellschaft 是靠理性协议（如商业合同）联系起来的。其他学者尽管有不同看法，但大体上把 Gemeinschaft 形容为一种靠落后的、情绪化的方式联系起来的社会，把 Gesellschaft 形容为一种靠文明的、理性化的方式联系起来的社会。在战间时代的宣传中，强调民族和国家的凝聚力时使用 Gemeinschaft 更多。

的格言文学著作《处世的艺术》(*Handorakel und Kunst der Weltklugheit*)[1]中,莱特恩发现了这种"疏远性艺术"(Distanzierungskunst)的一个决定性的近现代参考点。在书中第 52 条人生哲理处,格拉西安写道:"情绪是灵魂的病态的汁液,情绪过度会令智慧生病;恶语出口,则名誉可危。"其意思大致是:永远不要失去镇定(Fassung)。

像容格尔这样的人,考虑到他对敏感性的蔑视,难道不应被置于莱特恩所提出的这一思想传统中吗?我们理解容格尔式思想和行为的关键,是否不在于古代的原始冲动,而在于近现代的情感控制?

容格尔本人写道:

> 纪律是一种形式,人们通过纪律与痛苦保持联系。

因此,原本仅在等级社会的最后一片孤岛上(尤其是在普鲁士军队中)才能看到的面容[2],在这个时代随处可以撞见,也就不足为怪了。在自由的世界里,人们所理解的"好的"面容实际上是精致的、紧张的、灵活的、多变的、对极其多样化的影响和刺激开放的。而纪律化的面容是封闭的,它有

---

1 《处世的艺术》原著为 1647 年出版的西班牙文版 *Oráculo Manual y Arte de Prudencia*。

2 此处容格尔的"面容"(Gesicht)与列维纳斯的"面孔"(Antlitz),虽然在德文中都是"脸"的意思,但含义不同,甚至可能是相反的。因此,译者分别用不同的词来翻译它们。

一个固定的观点，它是单一的、对象化的、僵硬的。在每一种有特定目标的训练中，人们很快就会注意到固定的和非个人的规则与条例的干预是如何反映在面容的硬化（Härtung）上的。

精神分析学家威廉·赖希[1]在他1933年出版的《性格分析》（*Charakteranalyse*）一书中，将这种由纪律化和压制驱动力造成的坚硬（Härte）描述为"甲壳"。根据赖希的观点，为性格装上甲壳，不但保护其不受外部世界的诱惑影响，同时也压制了被社会制裁的内在本能。赖希写道：

> 被甲壳保护的自我（gepanzertes Ich），产生自冲动（Trieb）与对惩罚的恐惧（Strafangst）之间的冲突。自我（Ich）是人格（Person）向外暴露的部分，在这种冲突中变得坚硬，在它那已经长成的硬壳上，外在世界的冲击和内在需求的要求仿佛都被压扁和削弱。

赖希所描述的甲壳的形象，是一种极度自我控制的、僵硬的、倾向于神经质的人格，它必须耗费巨大的能量，才能服从于文化的压制冲动的要求。

1　威廉·赖希（Wilhelm Reich, 1897—1957），奥地利裔美国心理学家、社会学家。"生命能"和"性革命"理论的提出者，企图把马克思主义和弗洛伊德主义结合起来。著有《辩证唯物主义和精神分析》《性革命》等。

然而，我们必须更仔细地观察。自然的和人为的，原始人的残暴和近现代人的军事苦练——与容格尔一样，精神分析学也对这些不可调和的对立知之甚少。我们称之为"自我"的东西，是通过生存冲动和外在世界的法则的不断互动形成的。这意味着，法则越严格和精细，"精神装置"（seelischer Apparat）[1]也会相应地改变：它会变得更加复杂，同时变得对外部影响更加敏感，它吸收着这些影响，或试图抵御这些影响，使自身不至于超负荷。

什么是受害者？

但自我对外部影响的抵御并不总是成功的。如果入侵的贯穿力过强，心理就会受到严重伤害。但我们究竟要如何想象这个破坏性过程？是什么让一个事件成为心理创伤(Trauma)？"创伤"的概念在历史上发生了怎样的变化？受害者（Opfer）的概念又随之发生了怎样的变化？这些问题引向另一个极具争议的复杂问题。例如，弗洛伊德在一篇较晚的文章中，详细论述了创伤经历的现象。重要的是，与威廉·赖希不同，他没有谈到一种士兵式的、不可贯穿的、将内外截然分开的精神"甲壳"。弗洛伊德为人类心理找到的形象，将脆弱性和敏感性突显出来，但又不舍弃防御力。

1　见第五章"有机体像一个小囊泡"一节的论述。

第五章

创伤与触发

有机体像一个小囊泡

1920 年，为了说明精神装置的运作，弗洛伊德在其论文《超越快乐原则》中写道："让我们把活的有机体尽可能简化地想象成一个无差别地接受刺激的物质的小囊泡（Bläschen）。"弗洛伊德之所以产生这种"易受刺激的小囊泡"的想象，是因为当时"一战"刚刚结束。这场可怕的战争引起了一种许多人患上的疾病，弗洛伊德称之为"创伤性神经症"（traumatische Neurosen）。创伤性神经症发生在"严重的外力冲击、火车相撞，以及其他危及生命的事故"之后，其结果是普遍的"精神表现的减弱和失常"。其中，"战争神经症"（Kriegsneurosen）的独特之处在于，相关的临床症状有时"不借助于严重的外力"就能出现。换句话说，战争创伤对精神装置的严重冲击往往具有不同的、非外力造成的性质。弗洛伊德试图借助小囊泡来解释的正是这种冲击。

在正常情况下，小囊泡受到"外皮"的保护，可以抑制和过滤外部刺激，使其内部保持安全。这种外皮本身是由"外部刺激对小囊泡表面的不断冲击"形成的，这使它具有保护性的形态。用弗洛伊德的话说：

> 活的小囊泡获得其"刺激保护"（Reizschutz），是通过
> 以下方式：活的小囊泡的最外层表面放弃了属于活体的结构，
> 变成了无机物，就像一种特殊的外壳或膜，起到阻碍刺激的
> 作用，也就是说，它使得外部世界的这些能量，只能够以其
> 强度的一小部分，抵达保持着活体状态的下一层。

弗洛伊德认为，刺激保护几乎是比刺激接受（Reizaufnahme）
"更重要的任务"，因为过量的从外部而来的贯穿性能量会永
久性地破坏小囊泡。弗洛伊德写道："我们把这种强烈到足以
突破刺激保护的外部刺激称为'创伤性刺激'（traumatische
Erregung）。"

按照弗洛伊德的想象，活的有机体就是一个敏感的小囊泡
带着一层薄膜作为外壳。显然，弗洛伊德吸纳了他那个时代的
生物细胞膜研究的知识，并将其隐喻性地转移到心理学研究中。
膜不仅起到保护作用，它还是连接有机体与外界的敏感表面，
它允许选定的刺激物通过，从而构造和塑造其内部。因此，在
身体表面的"高度发达的有机体"中，"感觉器官"具有刺激保
护的功能。弗洛伊德写道："感觉器官的特点是只处理极少量的
外部刺激，它们只采集外部世界的样本。也许可以把它们比作
动物的触角，触角不断伸向外部世界进行探索，然后又从外部
世界缩回来，如此循环往复。"与此相关且不容忽视的是格奥尔

格·齐美尔的观察,他认为,人类只能通过"囊泡化"(Blasiertheit)来保护自身免受现代城市的"刺激过量"的影响。而最近受到广泛关注的高度敏感(Hypersensibilität)现象,与囊泡化正好相反(详见第八章)。但是,此处我们先不展开来谈以上这些,而是专注于下一节所谈的内容。

受害者:从计数到讲述

脆弱的"小囊泡"也代表着一种历史变迁。就在弗洛伊德发表《超越快乐原则》的 1920 年,战争伤残者(Kriegsversehrte)首次被算作"战争受害者"(Kriegsopfer)。自此,受害者不再仅仅指那些死在战场上的人[1],还指那些在战争中幸存下来,但身体或心理遭受严重伤害的人。这种对暴力的感知的变化,与一个重要的转变有关——从计数(Zählen)到讲述(Erzählen)。受害者不再仅仅是被算入战争统计报告的尸体,在 20 世纪,受害者的讲述(关于体验、震撼、梦想)越来越成为"受害者"的本质。弗洛伊德的精神分析方法无疑促进了这种从计数到讲述的转变,甚至可以被认为是提升(与所经历过的痛苦相关的)

1　德文中的"Opfer"和中文中的"牺牲"本义很接近,都指祭祀时献给神灵的人、动物或其他物品。后来德文中的"Opfer"从只包括死难者,到包括伤残者,最终到包括遭受过心理创伤的人。在本节中,作者将"Opfer"和"Betroffene"作为近义词交替使用,因此译者将其都译为"受害者"。然而,"Betroffene"的词义比"Opfer"更宽泛,其本义是"与某件事相关的人",在后文中,译者也常译为"受影响者"。

讲述和语言的价值的典范。新的讲述是：一个具体的人已经被
施加了暴力。这意味着，此人已经成为一个行为的受害者，这
个行为严重地伤害了他，甚至本来可能会杀死他。受害者有时
需要很长时间来理解他遭遇的事，但他幸存下来了，因为他内
心的某些东西不让他死去。这是一种力量，源自对死亡的恐惧。
在遭遇暴力的时刻，这种力量不自觉地释放出来。这种力量产
生自上一章提到的那种无节制的、原始的、无意识的生存欲望。
这是一种使人超越自己的推动力，而他自己不能刻意决定这样
做。因此，这种力量的活跃中有一个固有的病态的维度：它是
基于本能而发生在主体身上。正是这种力量，在决定性的时刻
拯救了受害者，但也正是这种力量，在受害者被创伤记忆侵袭时，
进入了受害者的意识。

　　利用这种力量，正是精神分析中针对创伤治疗的核心。在
遭遇暴力的那一刻，冲动力量急性地发挥作用，防止了现实的
或心理上的死亡，心理治疗正是让创伤受害者与这种冲动力量
建立联系，从而让他们能够在治疗工作中凝聚所有的力量，度
过威胁生命的生存危机，甚至从危机中获得加强。

　　然而，这种从计数到讲述的转变[1]，由于种种原因，仍然是存
在问题的。根据历史学家斯文娅·戈尔特曼[2]在她的著作《受害者》

1　也许这一转变至今也没有完成。——作者注
2　斯文娅·戈尔特曼（Svenja Goltermann，1965— ），德国历史学家，研究重点为
　　"受害者认知史""记忆文化""国际人道主义史"等，著有《受害者：现代欧洲
　　对苦难和暴力的看法》。

（*Opfer*）中的描述，受害者的角色仍然是十分可耻的，在弗洛伊德的时代，则更是如此。事实上，众所周知，社会上只有极少部分人最终接受了精神分析的治疗。即使是从"二战"战场归来的人，也大多选择将所经历的可怕事件埋藏进心里。至于犹太大屠杀的幸存者，则更不必说。戈尔特曼认为，长期以来，社会一直或多或少地将受害者所遭受的痛苦部分地归咎于受害者自身。按照这种逻辑，那些无法克服某些创伤经历的人，会被认为是过于软弱，甚至可能被认为是由于自身的错误而陷入了不幸的境地。

戈尔特曼认为，从最广泛的意义来看，神经症理论遵循的也是这种逻辑。毕竟，正如戈尔特曼所强调的，神经症理论在其分析中包括了"人格"（Persönlichkeit），按照其理论，如果人格在创伤中幸存下来，那么人格就能以各种方式处理暴力体验。戈尔特曼写道："（按照神经症理论）受害者由于其'人格'（的缺陷）而'异常'地处理了创伤的体验，甚至还可能形成了对创伤的'渴望'。因此，是人格本身推动了心理障碍的发生。"

尽管戈尔特曼没有提到弗洛伊德，但可想而知，她所指的就是弗洛伊德的神经症理论。事实上，在神经症理论中，弗洛伊德没有将"人格"作为外在属性。弗洛伊德从不只关注外部发生的事情，还始终关注着个人内心的逻辑。在《超越快乐原则》中，弗洛伊德将"小囊泡"所面对的刺激阐释为绝不仅仅来自外部，也来自内部，他写道："然而，外皮的这个敏感层，即后来我们所说的'意识系统'（System Bw[1]），也接受来自内部的刺激。该系统位于外部和内部之间，对内侧的作用和外侧的作用所提供的条件有所不同，这些对意识系统和整个精神装置的运行效果具有决定性意义。"这些来自内部的刺激是本能，它们是无意识的，可以扰乱敏感的意识系统，甚至本身成为创伤的力量。因为"刺激保护无法向内保护，因而内部的更深层的刺激能直接地、不减弱地作用于意识系统"。根据弗洛伊德的说法，受害者由此还产生了一种倾向，即倾向于将不愉快的刺激"视为仿佛不是从内部而来，而是从外部而来，以便能够利用刺激保护的防御措施来对付它们。这就是投射（Projektion）的起源，投射在引发创伤后遗症的病理过程中有很大的作用"。精神分析学中的投射是指，一个人向外扔一些东西[2]，把"属于自己，但自己却拒绝承认的东西"归于他人。

弗洛伊德认为，在外部的创伤性刺激蜂拥而至的情况下，精神装置在内部建立得怎样就很重要了。如果创伤受害者的精神装置能成功地"稳住"和"束缚住"内部刺激，那么它就能以不同于创伤后遗症的方式处理外部事件。对此，弗洛伊德写道："精神装置稳住内部刺激的能力越强，其束缚力就越大；反之，精神装置稳住内部刺激的能力越弱，系统吸收流入能量的能力就越低，外力突破刺激保护而造成的后果也就愈加严重和猛烈。"

1　弗洛伊德使用以下缩写：Bw = Bewusstsein（意识），Vbw = Vorbewusstes（前意识），Ubw = Unbewusstes（无意识）。
2　"投射"（Projektion）来自拉丁语动词 proicere（向外扔、向前扔）。

弗洛伊德希望通过精神分析来调动创伤受害者的防御力。尽管在弗洛伊德的时代，"韧性"还不是流行的概念，但无疑弗洛伊德是赞成韧性的概念的。一个人在创伤环境下是无力的（弗洛伊德毫不怀疑这一点），但他体内怀有一种无意识的生存意志和冲动力量，一旦这种冲动进入意识，它就能有效地被用来反抗创伤的侵袭。然而，这种冲动并不能容易地进入意识，毕竟，在文化的教导下，这种冲动本身是"羞耻的"。事实上，这种冲动超越了善恶。因此，有必要将创伤受害者从羞耻中解放出来，以便摆脱外在因素给他们造成的无力感，找到一条出路。

从冲动到触发：创伤后应激障碍

在这一背景下，如果我们现在来观察"创伤"概念的进一步发展，就会发现，自20世纪70年代到20世纪80年代以来，学界有一种浓厚的兴趣——把"创伤"概念的焦点从个人转移到外部环境上。戈尔特曼对这一发展的描述是：主要受越南战争的影响，"创伤后应激障碍"（posttraumatische Belastungsstörung）的概念出现了，并将个人身心状态（用弗洛伊德的概念表达，也可以说是"小囊泡的内部"）排挤到了此概念的视野之外。自此，"创伤"概念的唯一重点是创伤事件本身，而不是任何类型的心理逻辑。于是，人们开始以一种或多或少有些机械的方式来思考人类的抗压限度，仿佛这个限度可以像对待机器一样客观地被测定。根据戈尔特曼的说法，这种对创伤的新的、后精神分析的理解，引起了真正的"潮汐变化"[1]。戈尔特曼写道："在这种理解下，关键的假设是，几乎每个经历过创伤事件的人，都会出现一些典型的遭受压力的症状。"

1980 年，最具全球影响力的精神病学家协会——美国精神病学协会（APA），将神经症从名为《精神疾病诊断与统计手册》（*The Diagnostic and Statistical Manual of Mental Disorders*，缩写为 DSM）的精神疾病分类系统中删除。医学史家克里斯托弗·莱恩[2]在其著作《羞涩》（*Shyness*）中称，DSM 是"精神病学的圣经"，它从根本上塑造了全世界对疾病的理解，同时也持续地扩大了制药业的力量。虽然神经症与人格和个人史有关，但由于 DSM 反对弗洛伊德的神经症理论，医生越来越多地用药物来治疗精神障碍。

然而，1980 年 DSM 第三版出版后，人们很快就发现，DSM 的"心理创伤与个人因素无关"的中心假设是站不住脚的，因为对于某些事件，不是所有人都有同样的反应。因此，人们必须认识到，心理创伤确实受到不同人的性情（Disposition）的影响。这一局限性在 DSM 的修订版中得到了修正，DSM 修

1　此处的"潮汐变化"是指，在后来对心理创伤的认识中，强调外部因素（如下文 DSM 初版所代表的）和强调内部因素（弗洛伊德的神经症理论所代表的）交替地占上风，这如同潮涨潮落。

2　克里斯托弗·莱恩（Christopher Lane，1966— ），美国医学史家，主要研究精神病学史，著有《羞涩：正常行为如何变成病态》《虔信的激增：罗曼·文森特·皮尔和美国宗教生活的重塑》等。

订版对创伤后应激障碍的症状进行了更广泛的定义。因此，在1994年DSM第四版中，创伤后应激障碍的诱因不仅包括战争、近亲死亡等特殊事件，还包括更普遍的损害心理结构完整性的事件。

但什么违反了心理结构的完整性？是像强奸一样的严重侵犯，还是像抚摸膝盖一样的轻微冒犯？对此，戈尔特曼认为，人们在理解"创伤"的概念时要纳入一个"主观因素"。她写道："只有当某人对某事件的反应是感到'强烈的恐惧、无助或惊恐'时，此事件才是创伤事件。因此，判断什么事件可以被称为'创伤事件'，已然要借助于个人的归因过程。"

这种扩大的、几乎没有边界的创伤概念，其影响至今清晰可见。遭受某个事物的"创伤"，几乎成了一种日常经验。电影、小说、某些词语……几乎任何东西都能使人产生创伤，或令人回想起创伤经历。而真正严重的创伤，正在被通货膨胀地对"创伤"的语用淡化，不管人们是否乐见这种发展。

戈尔特曼认为，这一发展的利弊都很明显：一方面，受害者得到了发言权，他们的痛苦得到了承认，并成为一个公共话题；另一方面，这种疾病的日益主观化，使得人们越来越不清楚什么样的人才算是受害者。如果最终是由个人的认知来决定什么被归类为创伤，那么如何避免诊断结果在法庭上被滥用的风险？此外，戈尔特曼强调，"创伤"概念从客观到主观的发展趋势，不仅使受害者能够（单方面地）讲述自身的痛苦，而且还阻止了人们去（全方位地）复原实情。如今，利用"创伤"的概念就能轻易地给发生的事件定罪，而在过去，这需要进行深入得多的分析才能实现。此外，对于当事人来说，把自己的故事讲述成一个纯粹的受害者的故事，的确很有诱惑力。谁是受害者，谁就是无辜的，也就能索赔。对此，戈尔特曼写道："正是因为在西方，谁使用脱罪话语（Entschädigungsdiskurs），谁就占理，所以人们在要求赔偿时，必然把自己说成是受害者（并且仅仅是受害者）。"

然而，这一点对于理解我们的时代尤其具有决定性意义：当代的各种现象，例如触发警告，表明人们的兴趣焦点似乎越来越少地（与弗洛伊德相比）关注自身的心理韧性，而是越来越多地关注如何从外部保护小囊泡的问题。如今，保护小囊泡意味着几乎要完全避免外部危险，或者要及时指出这些危险。

"触发"（Trigger）在德文中的意思是"诱因"（Auslöser）。在心理学中，此词表示一个人被特定的事件抛回到创伤记忆之中。触发可以是任何东西——从让人想起战争的跨年夜鞭炮，到令人在内心重新激活强奸或性骚扰记忆的色情诗歌。触发警告的目的，是通过及时告知人们某些表现形式，让创伤受害者有机会选择不看某本书或某部电影，从而防止他们回想起创伤。

恐痛症？

诚然，基于目前为止的讨论，我们很想对当代进行全方位的批判。例如，哲学家韩炳哲在他的《姑息社会》（*Palliativgesellschaft*）

一书中，证实了当今世界的"恐痛症"（Algophobie），即一种"对疼痛的普遍恐惧"。韩炳哲写道：

> 在当今社会，人们避免各种痛苦状况，留给可能导致痛苦的纠纷的冲突与争议的空间会越来越小。

人们对于痛苦的恐惧越大，在这个世界过得越是舒适和安全，人们的感知就越集中于每一件可能引起不适的小到不能再小的事上。

哲学家诺贝特·博尔茨[1]也持这种看法，他说：

> 在当今社会，人们认为没有什么是不危险的。然而恰恰相反，通常这种对恐惧的预期（Angstbereitschaft），并不对应任何真正的危险。我们正在处理一个自相矛盾的情况，即人们生活得越安全，他们对剩下的风险的反应就越恐惧。因此，大众媒体过度强调微小的风险，以至哲学家奥多·马夸德[2]一度称其为"豌豆公主综合征"：危险越少，恐惧反而越多。

---

1 诺贝特·博尔茨（Norbert Bolz，1953— ），德国传媒学家、哲学家，被视为德国媒体理论的先驱者。其发展的新媒介理论体系受到了尼采、本雅明及马歇尔·麦克卢汉的影响。

2 奥多·马夸德（Odo Marquard，1928—2015），哲学解释学和怀疑论的倡导者。致力于人类易犯错性、偶然性、有限性等的研究，捍卫哲学的特殊性和多元主义。被哈贝马斯批评为德国新保守主义的代表。

在另一处，博尔茨写道："高度敏感意味着，一个人遭受的痛苦越来越多，尽管这些痛苦是没有什么来由的。"从诺贝特·博尔茨的视角来看，我们可以说，当没有什么重要的事情发生时，人们处理的是完全微不足道的语言问题。

然而，对此产生了一些批评，而且这些批评在一定程度上是合理的。批评者认为，就语言问题来谈，毕竟我们生活在一个充斥着大量仇恨言论的时代，仇恨言论通过数字媒介大规模传播，而且往往导致真正的暴力。我们想到上一任美国总统的煽动性推文和 2021 年 1 月对国会大厦的冲击[1]；我们想到德国新纳粹组织 NSU 的连环谋杀案[2]；我们想到因头部中弹而被杀的瓦尔特·吕布克[3]；我们想到被网民骂作"一坨屎"的绿党女政客雷娜特·屈纳斯特（Renate Künast），和她的许多同事一样，她面对着极端的厌女症，在仇恨言论中认识到"瓦解民主的

---

[1]　在 2021 年的美国总统大选中，美国第 45 任总统唐纳德·特朗普（Donald Trump, 1946— ）的竞争者乔·拜登（Joe Biden, 1942— ）获胜。2021 年 1 月 6 日，超过 2000 名特朗普的支持者闯入美国国会大厦，引发骚乱。特朗普的反对者认为是特朗普的推特推文煽动了此次骚乱，尽管特朗普否认自身有煽动行为，但推特公司随后封禁了特朗普的推特账户。

[2]　德国极右翼恐怖组织"地下纳粹"（Nationalsozialistischer Untergrund，简称为 NSU）在 2000 年到 2007 年，连续谋杀了 10 名有移民背景的人（主要是土耳其裔），并总计造成 25 人受伤。

[3]　瓦尔特·吕布克（Walter Lübcke, 1953—2019），德国基民盟政客。因支持接纳难民和反对 PEGIDA 运动（Patriotische Europäer gegen die Islamisierung des Abendlandes，即"爱国的欧洲人反对西方的伊斯兰化"）而闻名。2019 年 6 月 1 日，他被极右翼分子谋杀。

策略"。[1]

　　以上所举的事件，向我们提出了一个问题：什么程度的言论才算是仇恨言论？种族主义是从直接引用"Nigger"一词（不把 Nigger 改称为 N-Wort）开始的吗？性别歧视是从使用阳性泛指开始的吗？下一章将寻根究底地来探讨这些假设，并着眼于当代冲突的灼热的核心，即被其反对者称为"政治正确"[2]的东西。

1　详见知识背景 9。"瓦解"（Zersetzung）是东德情报部门史塔西（Stasi）用于分化和管控异见人士的一种策略。
2　详见知识背景 13。

第六章

语言敏感性

语言的现实效果

当今的语言敏感性可以通过其标准化程度来衡量。性别平等的语言已经成为许多机构的规范。尤其是在大学中，人们被敦促去使用性别敏感的措辞。以下摘自雷根斯堡大学（Universität Regensburg）的指导方针："性别平等的语言和表述，意味着在语言中让所有人都能被人看到和听到，并且在提及人的表述中，女性、男性和第三性别都要被平等地提到。"

2020年9月，柏林参议院颁布了一项对种族多样性敏感的语言指导方针。自此，人们应当用"没有德国公民身份的居民"（Einwohnende ohne deutsche Staatsbürgerschaft）来代替"外国人"（Ausländer）[1]的说法，还应避免使用"逃票者"（Schwarzfahrer）[2]一词，而代之以"无有效票的乘车者"（Fahrende

---

1　在德文中，"Ausländer"一词带有排外色彩。在纳粹意识形态中，外国人是要被驱逐的人。但截至译者翻译时，许多德国政府机构仍在使用"Ausländer"一词指外国人。

2　"Schwarzfahrer"中"schwarz"一词的意思是"黑色的"，此处含义为"非法的"，因此Schwarzfahrer涉嫌对黑人的歧视。

ohne gültigen Fahrschein）。

但是，如何解释本身没有任何物质性的语言符号在当今被赋予这样的意义？为了理解当下的辩论，我们有必要仔细研究一下新的语言敏感性在语言哲学中的根源。我们要发问：当今的语言敏感性是以什么理论建构为基础的？基于哪些思想流派？我们还可以进一步发问：这些理论是否支持对性别和种族多样性敏感的语言指导方针中所提出的解决方案？

从科学史来看，理解当下敏感的语言指导方针的根本，是所谓的"语言学转向"。语言学转向涉及语言学和语言哲学的一些可以追溯到 20 世纪初的理论假设，这些理论假设认为，语言符号具有现实效果，即语言不单是指向现实，还创造着现实。在某种程度上，弗洛伊德的谈话疗法（talking cure）对讲述的高度评价，已经可以说是这种意义上的转向，因为按照精神分析学的看法，话语有着显著的治疗潜力。与之相反的是，某些冒犯性的话语，会造成具体的身心痛苦，使受影响者如同"脸上挨了一击"。

然而，语言学转向的真正先驱是弗洛伊德的同时代人——瑞士语言学家费尔迪南·德·索绪尔[1]。在其去世后出版的《普通语言学教程》（*Cours de linguistique générale*，1916）一书中，索绪尔提出了这样的观点：语言符号不只是再现世界，语言本

1　费尔迪南·德·索绪尔（Ferdinand de Saussure，1857—1913），现代语言学的重要奠基者，结构主义的开创者之一，被后人称为"现代语言学之父"、结构主义的鼻祖。代表作有《普通语言学教程》。

身就是一个系统，从其内部产生意义。换句话说，语言符号并不是简单地命名世上出现的事物。

举一个具体的例子："桌子"这个词立即让人在脑海中想象出相应物体。然而，根据索绪尔的观点，这种符号（能指）与概念（所指）之间的对应是任意的。在索绪尔所说的能指和所指在一个符号中结合之前，能指和所指都是无形的和不确定的。[1]因此，索绪尔把我们的思想比作"一团迷雾"，并认为"其中没有任何东西必然有界限"。能指也只是"一种可塑的材料，它本身可分解成独立的部分，以提供思想所需的表示"。这样来看，语言通过建构未定义的能指，使我们能够用语言思考。

语言结构本身并不来自先于语言而存在的世界。在语言系统中，一个符号的意义来自它与语言系统内其他符号的区分。用索绪尔的话说就是，"……前文所说的一切可以归结为语言中只存在着各种区分。甚至可以说，语言系统内没有积极成员，它是一个由符号区分性构成的系统。语言中不存在先于语言系统而存在的能指和所指，只存在着从语言系统中得出的所指方面的区分和能指方面的区分。一个符号在所指或能指方面包含的东西，不如在它周围以其他符号的形式储存的东西重要"。

在索绪尔看来，语言结构主要由成对的对立构成，例如，"男

1　原文此处作者还提到"语音形态"（法语为 image acousticue，德语为 Lautbild）和"概念"（法语为 concept，德语为 Vorstellung），它们分别对应能指（法语为 signifiant，德语为 Signifikant）和所指（法语为 signifié，德语为 Signifikat）。为了避免近义概念过多带来混淆，译者只保留了更著名的"能指"和"所指"的概念。

人"与"女人","黑"与"白","上"与"下","美"与"丑"。语言符号"女人"的意义产生于它与"男人"的差异，语言符号"白人"的意义产生于它与"黑人"的差异。我们立刻能感受到，这种对立中带有一种价值，这种价值是有等级的，对于我们认识世界有决定性影响。

　　但是，如果如同索绪尔所说，没有任何语言以外的东西提供这样的结构，那么，是什么让语言结构保持稳定？是什么迫使我们总是以相同的方式使用词语？是什么从根本上固定了我们对世界的看法？按照索绪尔的解释，除了纯粹的惯例（语用习惯）外，没有任何东西迫使我们这样做。这是否意味着，如果我们以不同的方式使用符号，我们对于世界的感知也会发生变化？

德里达与巴特勒：作为抵抗的游戏

　　上述疑问正是后结构主义[1]的用武之地，它批评并试图超越索绪尔的结构主义。后结构主义理论的一个重要代表，是法国哲学家雅克·德里达[2]。德里达的目标是解构语言的固定结构，也就是说，要消解和重新思考这种结构。其出发点正是索绪尔所认为的结构最初形成之处，即"结构通过从惯例和永远不变的

1　在本书中，作者是将后结构主义和解构主义作为近义词来使用的。
2　雅克·德里达（Jacques Derrida，1930—2004），解构主义思潮创始人，开创了解构的思想方法，成为后结构主义的主要代表，著有《书写与差异》《声音与现象》《论文字学》等。

重复中形成"。语言内部的区分，正如德里达所说，"不是以完成的状态从天而降，不是写在柏拉图所说的'理念世界'[1]，不是被预先写在大脑的蜡板[2]上"。

如果符号的意义只是通过与其他符号划清界限而产生，如果只有永远相同的重复来表明固定的语言结构的存在，那么，正如德里达的结论，意义显然可以通过对符号的别样的运用而变迁。在这种情况下，德里达认为，重要的是去研究语言符号与自身的固有意义分离了多久。因为如果语言符号只是通过与其他符号的区分而获得其意义，那么它就不是与自身相同的，也就不是固定的，而是对新的意义写入和符号的自由游戏（freies Spiel der Zeichen）开放的。对此，德里达写道："游戏是对存在的撕裂。"[3]

但这具体意味着什么呢？考虑到德里达的这些见解，语言又如何去改变世界？ 20 世纪 80 年代末，美国女哲学家朱迪斯·巴特勒以一种几乎是革命性的方式，将德里达的符号解构理论应

1　"理念世界"（topos noetos）指不可实体化的、仅仅理念能够到达的地方。按照柏拉图对于知识的等级的想象，理念世界是最高的。

2　"蜡板"的隐喻来自柏拉图和亚里士多德，被用来比喻人的记忆、心智、精神。西方古人用蜡铺满一块板，用来写字，写完后重新刮一遍蜡，就能抹去原来的笔迹重新再写。自中世纪以来的西方哲学中常用"刚被刮过的蜡板"（tabula rasa）来隐喻"没有与生俱来的知识的心智"。

3　"游戏"是指"符号的游戏"。人们在不确知符号的固有意义的情况下，自由而稍显随意地运用符号，并导致意义变迁的过程，被德里达等后结构主义理论家称为"符号的自由游戏"。此外，德里达还喜爱强调符号的"能指"（而非"所指"），以及这一过程不受人的主观性控制的特点，因此将其表述为符号的游戏（而非"人玩耍符号"）。"存在"是指词语的固有意义，德里达认为符号的嬉戏不断颠覆着、改动着、解构着词语的固有意义。

用于性别问题，从而成为整个新女性主义的领军人物。巴特勒在《性别麻烦：女性主义与身份的颠覆》（*Das Unbehagen der Geschlechter*）一书中，开创性地提出了以下观点："男人"和"女人"，只要始终作为对举概念出现，并被作为规范，就会显现为"自然地"确定的、不可动摇的概念的存在规定（Seinsbestimmungen）。换句话说，始终对举"男人"和"女人"的语言行为，让人觉得本来就只有两种固定的、异性恋的性别认同。在现实中，根据巴特勒的说法，这些性别认同是某种特定语用的后遗症，而这种语用从一开始就排除了其他性别认同存在的可能性。换句话说，性别不是"自然的"，而是"行事的"（performativ）。

行事性（Performativität）的概念是后结构主义的核心，可以追溯到语言学家约翰·奥斯汀[1]和约翰·塞尔[2]。行事性主要是指一个言语行为并不是简单地指称某个东西，而是执行一个动作。例如，"我在此以……之名为你施洗"这样的句子清晰地体现了语言的行事能力，因为洗礼本身与说话的行为是不可分割地联系在一起的。在巴特勒看来（德里达也这么看），这种语言的行动力是普遍性的。再举一个例子。婴儿出生后，助产士说："是

1　约翰·奥斯汀（John L. Austin, 1911—1960），英国语言学家、哲学家，"日常语言学派"代表人物之一。他终生没有著书，主要通过在校内外的讲课和讲演产生影响。他的讲稿和笔记在他死后由其朋友和门生收集整理成《感觉与可感物》《如何以言行事》等书。

2　约翰·塞尔（John Searle, 1932— ），美国语言学家、哲学家。以研究语言哲学问题著称，著有《言语行为》《词语与意义》《意向性》《心、脑与科学》等。

个女孩。"这样的一个句子，并不是简单地陈述一个语言外的事实，而是做了一些事情。它把一个身体置于一个类别中，并以这种方式，使其开始成为可想象的。巴特勒写道：

> 为了理解这一点，我们必须想象一个不可能的场景，即一个尚未被赋予社会定义的身体。严格来说，这个身体最初对我们来说是不可想象的，但在称呼事件（助产士称其为"女孩"的语言行为）中，在命名的召唤中，在不只是"发现"他，而是首次构成他的称呼中，他变得可以想象。

通过语言和称呼行为，一个身体被真正地赋予生命，它变得可想象、可识别、可命名，并自此开始成为一个社会角色。

冒犯性言论

如果语言真的有能力以上文所述的方式行事，那么它必然也有伤害人的力量。巴特勒在其著作《仇恨说》（*Haß spricht*，2006）中写道："如果语言可以维持身体，那么它同时也可以威胁到身体的存在。"如今，我们可以根据这句话来衡量这种威胁有多严重——如今语言对人的伤害可以触及一个人的根基。因为，倘若如前文所述，身份（Identität）是语言行事的一种效果，那么按照此逻辑，语言也可以破坏身份，或者，语言也能够从一开始就否认某些人的身份，并在实际上剥夺他们的生存权。例如，"Nigger"一词自几个世纪以来一直被用于贬低黑人，它把黑人降格为动物。因此，当黑人听到自己被称为"Nigger"时，这种称呼远远不是一件琐细的小事，不是可从肩上弹走的一缕毛絮。相反地，像"Nigger"这样的词，有力量去"唤起主体（指黑人）对死亡的恐惧，或提出该主体是否配活下去的问题"。

在这一背景下，该不该在所有"Nigger"出现的地方用"N-Wort"来替代，难道不是答案显而易见的问题吗？如果"Nigger"一词以如上所述的方式伤害人、威胁人，那么我们的结论应当是，我们应该干脆不再用它。不仅要在儿童读物中屏蔽此词，还要在戏剧舞台上，乃至本书之中屏蔽此词，总之，不该在任何地方使用此词。

对性别平等的语言的呼吁，似乎也直接地源自后结构主义哲学。如果语言在我们对世界的感知中是根本的，那么我们就必须改变语言（无论是用表示性别平等的下画线还是星号[1]），从而让各群体（例如女性、跨性别者）被人们看到，让各群体得到认可。然而，是否存在其他的不认同这种"'政治正确'的语言新规"的看法？

与前文所述的思想脉络相反，几乎所有要求如此严格的"政治正确"的人，都不引述德里达和巴特勒的解构哲学。根据德里达和巴特勒的理论，语言是有强大影响的，语言是一种创造

1　详见知识背景1。

行为，因此语言问题是彻头彻尾的政治问题。但正因为语言结构的意义维度不是固定的，而是可以通过具体的语用来改变的，所以从解构的角度来看，有许多事物（即使不是所有事物）能用来反对僵化的、与语境无关的规范。我们要预见到关键的一点："政治正确"用规则取代了解构游戏，从而掩盖了巴特勒和德里达在其思想中阐述的抵抗的基本可能性。

语境敏感性

让我们从词语的禁忌开始谈。事实上，巴特勒在《仇恨说》中明确反对"政治正确"的语言新规。她认为，消除歧视性词语使得相关群体丧失了自己的基本行动潜力，她说：

> 无论是审查某些表现形式，还是限制公共话语，管制言论的企图总是抑制了使用语言来进行有效抵抗的政治活动。

在巴特勒看来，有效的抵抗存在于词语本身——如果词语的意义不是预先固定的，那么说话人出口伤人的意图也可能跑偏，因为说话者的意图可以被挫败，并被听话人用作自我赋予权力的工具。

在这方面，有一个具体的好例子：德文中的"schwul"（同性恋）一词，在很长一段时间里，是彻头彻尾的羞辱和歧视性的表达。然而，后来同性恋者已经完全占有了这个词语的解释权。

可以说，同性恋者从一定程度上夺取了此词，并把此词改造成一个骄傲的自我称呼。同性恋者为其赋予了完全不同的含义，即同性恋者的自我意识和同性恋的自然而然。如今，同性恋者可以自信地说："Ich bin schwul. Und？"（我是同性恋，那又怎样？）当然，我举这个例子，并不是说如今同性恋者不再遭到歧视，如今在某些语境中使用"schwul"，仍然带有冒犯性。我只是想说，（让我们沿用索绪尔和德里达的一些术语和看法）能指和所指并非不可分割地结合在一起，而正是在词义的变迁中，蕴藏着性解放（emanzipatorisch）[1]的潜能。

在《仇恨说》中，巴特勒引用了英文中的"queer"一词作为例子，"queer"在很长一段时间内也被用来歧视同性恋者，它的意思是"罕见、怪异"。后来，"queer"已经成为同性恋者的自我意识的一种表达。巴特勒写道：

> 对"queer"一词的重新评价表明，说出来的话能够以不同的形式被"送回"给说话者，并能以与其最初的意图相反的方式被引用，带来词义逆转的效果。对冒犯性词语的新语用，破坏了该词原先的作用范围，从而使该词在新语用中成为抵抗的工具。

然而，此处人们容易想到一个反对意见：那些受影响者自

1　详见知识背景 8。

己虽可以攻占歧视性词语，并以性解放的方式加以运用，但这并不意味着其他人也配用这些词语。同性恋者使用"schwul"一词，与异性恋者使用此词，肯定不能简单地等量齐观。当异性恋者使用"schwul"一词时，虽然不一定是歧视性的，但人们会承认，口吻肯定有所不同，也更容易令人产生歧视性的联想。

对于"Nigger"一词，黑人自己用它和其他族群的人用它的差异甚至更加明显。黑人使用"Nigger"作为一种骄傲的自称（例如，在黑人说唱音乐中或在詹姆斯·鲍德温[1]的书中，会用到"Nigger"以及它的许多变体[2]），与白人用"Nigger"来称呼黑人无疑有着巨大的差异。人们应当仅允许有色人种使用"Nigger"一词（如果有色人种愿意的话），还是应当完全消除它？是否除了禁止"Nigger"作为称呼的用法外，连引用"Nigger"也要禁止？是否要抹去莎士比亚戏剧和阿斯特丽德·林格伦[3]的童书中的"Nigger"？巴特勒的哲学包含三个反对这种严格审查的论点。

第一个论点是，如果人们默许像这样审查词语，甚至积极支持这种审查，那么，自然地，原则上甚至可以把受影响群体自己觉得相当性解放的词语列为禁忌。巴特勒举了一个例子，"支

1　詹姆斯·鲍德温（James Baldwin，1924—1987），美国黑人作家。其作品主要关注种族和性解放问题。他的小说《向苍天呼吁》被认为是 20 世纪四五十年代美国黑人文学的典范之一。著有《下一次将是烈火》《假如比尔街可以作证》等。

2　这些变体有 nigga、niggah 等。

3　阿斯特丽德·林格伦（Astrid Lindgren，1907—2002），瑞典儿童文学作家。代表作有《长袜子皮皮》《小飞人卡尔松》《淘气包埃米尔》等。

持生命"运动（Pro-Life）的积极分子希望彻底地消除"堕胎"（Abtreibung）一词，这让人想到德国关于堕胎手术的讨论。[1] 简而言之，如果人们考虑到这个例子中把"Abtreibung"一词列为禁忌甚至审查此词的可能性，那么就会发现"列为禁忌"和"审查"对于各方，无论是进步派还是退步派，都是可用的手段。

第二个论点是，如果一个词语的意义不是固定地写在天上，而是很大程度上取决于它的语用，也就是它的语境，那么当受影响群体之外的人使用某些词语时，这一点也必然适用。换言之，巴特勒和德里达呼吁采用语境敏感性。关于语境，我们要考虑的问题是：在什么背景下，在怎样的公共领域里，由谁以及怎样来使用一个词语。"Nigger"一词是在戏剧舞台上为了体现某一角色是种族主义者而说的，还是在大街上直接被用来称呼黑人？巴特勒本人经常谈及歧视性表达的法律和政治背景，为了指出这些表达的冒犯性效果，巴特勒不得不复述原文。对此，巴特勒的辩解是：在讨论歧视性表达时，其语境已经发生了一些变化，她写道："这些话在自身的话语中成为引文，从而与原先（歧视性）的语境断绝了关系。更确切地说，这些话获得了新的语境。"例如，人们为童书中有问题的词语添加相应的解释和引导，不就是为这些词语赋予了新的语境吗？

第三个论点是，即使人们能够针对歧视把受影响的群体和未受影响的群体分开，严格坚持两者的差异，他们最终实现的，

1　详见知识背景 11。

也可能正是解构原本想要破坏的。因为如果这么做，人们就不得不将身份固定死，并把这种无法回避的差异坚持到底。这个论点的一个例子是对"文化挪用"（kulturelle Aneignung）的批评。"文化挪用"是指特权群体的成员（未受影响者）把受压迫群体（受影响者）的特征据为己有。例如，如果白人留着黑人的发型，穿着黑人的衣服，就是一种"文化盗窃"。类似地，白人作家能否置身于黑人的现实和认同，是令人怀疑的，而人们指责的是，白人作家写作黑人题材的作品，终究只是想利用白人自身造成的压迫牟利。尽管这种基于殖民历史的敏感化一开始是合理的，但这种僵化的黑白对立，也导致后结构主义的游戏重新成为结构主义的规定。在黑白对立中，人们不是把文化身份理解为开放的和混合的，而是把文化身份截然分开，并强拽硬拉，要求人们选边站队：一边是白人，另一边是黑人（详见第七章）。

语言的二义性

在称谓的斗争中，有一种辩证的东西：这种斗争是规定性的，而不是游戏性地消解身份并暴露其纯粹的行事性。[1] 对于巴

---

1 虽然后结构主义理论和"政治正确"都提倡受压迫群体在身份称谓方面的斗争，但是后结构主义强调这种斗争的游戏性、行事性，而"政治正确"所主张的"列为禁忌"和"审查"的特点是规定性、名义性（形式主义），与后结构主义所强调的恰恰相反。作者称这种矛盾为"辩证"（Dialektik）。

特勒来说，反串（Drag）或异装（Travestie）的人物是这种解构游戏的象征和实现。按照巴特勒的说法，异装者是指通过服装、动作、手势、面部表情来展现性别的人，异装者充分展示了性别和异性恋规范的行事性。巴特勒在她的《身体之重：论"性别"的话语界限》（*Bodies That Matter: On the Discursive Limits of Sex*）中写道："基于'所有的性别认同都如同反串'[1]的论点，人们清楚地看到，异性恋计划的核心是模仿。"正如异装所展现的那样，异性恋不是一种自然的欲望，而是建立在对行为规范的模仿和重复上。在巴特勒看来，"自然性"不过是不断模仿的后遗症。

如果我们从这种性反转游戏的视角来看待性别问题，那么我们对主张阳性泛指的人的"德文名词的语法的阴阳中性，无关现实的人的性别"的论点，也会有全新的理解。从后结构主义的角度来看，阳性泛指的"自由"，不正是在于它回避了性别认同的话题吗？主张使用阳性泛指的人，用"Lehrer"而非"Lehrer_innen"来指"男性和女性教师们"，用"Busfahrer"而非"Busfahrer*innen"来指"男性和女性公交司机们"，这样称呼的核心，同样不在于语法的性，而在于这背后的行动。[2]毋庸置疑，性解放运动的成就之一是，人们不会因他们的性别而被贬低，而是因他们的能力和作为而被认可。阳性泛指是否可能

1　巴特勒在使用"反串"或"异装"这两个词时，扩大了其含义。巴特勒认为，"反串"或"异装"代表着自由选择的性别认同，而人们自认为先天确定的性别认同，其实也是后天塑造的，人们其实也可以自由地选择其性别认同。

2　此处"Lehrer"和"Busfahrer"是阳性泛指的说法，"Lehrer_innen"和"Busfahrer*innen"是"政治正确"的性别平等的说法。

成为一种普遍的、与性别无关的指称实践？阳性泛指是否可能成为一种纯粹的形式？阳性泛指可否包含一种惊人的性解放的潜力？阳性泛指能否刚好通过其全面指称能力，不仅指个别群体，而是容纳下所有人？

对于像巴特勒这样的女思想家来说，她深知其背后的语言学转向的悠久传统：语言是使我们得以存在的条件，我们被抛入语言之中，语言总是超越我们的存在，语言就是要比我们更强大。[1]然而，当代语言政策把语言视为一种工具性的可用对象，人们可以通过有针对性的干预措施来改变其硬件[2]。而声称要实际地表示出所有群体和身份的做法，明显地受到了可言明的语言逻辑的限制。[3]严格来说，不可能为所有人们想得到的身份找到一个统一的、充分的、平等的语法表示法。那些既不属于男性也不属于女性的人，最终不得不成为下画线处的读音停顿，或成为星号，从而在字面上没有被表示。这是否公平和恰当呢？或者说，这是不是一次新的等级划分呢？[4]

1　"政治正确"所基于的理论，通常是"语言决定思想"的假设。这一假设在语言学中被称为"萨丕尔－沃尔夫假说"。然而，许多证据表明，语言对于人们的思想并没有这么强的塑造力。语言学界目前比较认同的是"弱化的萨丕尔－沃尔夫假说"（或称为"语言相对论"），即"语言对思想有重要影响，但不能决定思想"。

2　"硬件"指语法对于称谓的规定。

3　在称谓中表达出所有的社会性别是不可行的，详见知识背景2的最后一段。

4　性别平等的表示法有下画线写法和星号写法等。在下画线写法中，例如在 Lehrer_innen 之中，读如 Lehrer innen 而非 Lehrerinnen，也就是说 Lehrer 和 innen 之间有停顿，一些人认为此处的停顿匹配的就是男性和女性之外的其他性别。在星号写法中，也是如此，例如在 Lehrer*innen 中，* 匹配的也是其他性别。从这种表示法来看，最突出的是女性，其次是男性，最后才是被缩略地表示在下画线或星号处的其他性别，因此作者说这是新的"等级划分"。详见知识背景1。

此处回顾一下语言学转向的基本见解，将更有益于理解，语言政策本来就是基于这一见解。按照这一见解，语言是一个通用的系统，我们所有人的思想和行为都基于此。语言从一开始就忽视了特殊情况，而文学（文献）恰恰是为了改变这种忽视状况而生的。[1] 文学怀有一种渴求，就是要尽可能精确地去描述，但这种渴求最终会走向失败。[2] 不过，正是在这种失败中，不断找寻新形式的自由才得以存在。而"要求被表示出来"，阻止了这种游戏性的找寻。[3]

狂妄的要求？

然而，像巴特勒提出的这种（讲究"政治正确"的用词的）规范性主张，也被许多人视为一种狂妄的要求。由于每个人都有自身的现实，都有自身的脆弱性的局限性，要求他人使用性解放的语言，本身不也很冒昧吗？这把我们引向了一个更基本

1　此处的"文学"（Literatur）一词，亦可译为"文献"。无论是文学还是文献，都是对于语言的个性化使用，都是符号的游戏。如果说语言对应结构主义的规定性，那么文学（文献）对应的是后结构主义的游戏性。

2　在描写受压迫群体的文学或文献中，人们会尽可能细致地指出人物的身份，比如某个人物可能集女性、非洲裔、跨性别者、环保主义者、素食主义者、双相情感障碍患者等身份于一身。然而，无论怎样描写，在某个局部，我们很难把所有这些身份都表示出来。尽管如此，这些描写仍然体现了符号的游戏，体现了受压迫群体对语言秩序的挑战。

3　"要求被表示出来"（Repräsentationsansprüche）是指，除男性和女性之外的其他性别群体，想找到一种万能的称谓形式，把所有性别都囊括在内，处理所有特殊情况。作者指出，这种诉求不符合后结构主义理论所强调的自由、游戏性、不确定性、变动性，因为它试图用一个终结性的方案来终止语言的游戏。

的问题：我们到底能在多大程度上置身于他人的视角？没有受过创伤的人知道受过创伤的人的感受吗？男人知道女人的感受吗？白人可以透过有色人种的眼睛来看世界吗？对于某些问题，究竟谁被允许发表意见？共情的力量，到何处为止？下一章将阐明一个到目前为止语焉不详的问题：共情的局限性。

第七章

共情的局限性

在不同的肤色下

人们在这个世界上的处境各不相同。在某些情况下，人们的观点差异如此之大，以至相互理解似乎不可能。有时人们所见的，根本不是同一回事，事物在人们各自的立场上显得全然不同。

雷妮·埃多-洛奇（Reni Eddo-Logde）于 1989 年生于伦敦，有着黑色的皮肤，后来成为一名记者。在她获奖的著作《为什么我不再和白人谈肤色》（*Warum ich nicht länger mit Weißen über Hautfarbe spreche*）中，她写道：

> 当一个有色人种的人谈论自身经历时，白人表现出一种情感疏离，我再也无法忍受这种情感疏离。你会看到，他们的目光不对我们开放，眼神也变得坚硬。听到我们的话，他们仿佛感到有糖浆注入了他们的耳朵，堵塞了他们的耳道。那种感觉是，仿佛他们再也不想听到我们的声音了。

埃多-洛奇在此处描述的是共情的反面。这种感觉近乎是身体上的封闭和心理上的拒绝，即拒绝进入另一个人的视角。针对白人的特权，埃多－洛奇批评道："一个白人完全没有意识到，自己的肤色居于社会的正位，而其他种族的肤色都是对此的偏离。情感疏离正是白人的这种生活经历的后果。"在埃多－洛奇看来，拥有特权的白人，甚至没有意识到这种特权，她写道：

> 白人被困在一个错误的信念中，白人认为他们因肤色而拥有的经验，可以且应该是普遍的。我再也无法面对他们的困惑和防备，因为我总是要让他们尝试接受这样一个事实，即"不是每个人都像他们那样体验世界"。我无法忍受再进行这种对话了，因为在各种不同的场合，我们有色人种总要进行这种对话。

这位黑人年轻女性的话，说得很清楚，但也引发了疑问：此处提到的"沟通障碍"的性质到底是什么？"沟通障碍"仅仅是由于傲慢的白人不愿意置身于其他种族的人的感知吗？是否还有其他的因素？白皮肤的人，是否无论多么努力，终究无法体会黑皮肤的人的感受？

在书中某处，埃多－洛奇叙述了一件事，这件事表明实际上是后一个因素影响了共情。她叙述道：为了省钱，几年前她去上班时，有一半的路程是靠自行车骑行。她发现，许多车站没有电梯和坡道，不方便自行车通行。这是她头一次意识到"推着婴儿车的父母、坐轮椅的人、推着滚轮助行器的人、挂着拐杖的人"是如何体验这个世界的，她说："在我不得不自己推着自行车之前，我从未注意到这个问题。我从未想过，这种通行困难妨碍了数百人。只有当这个问题影响到我自己时，我才会发怒。"

这个事例表明，只有经历过特定的情况，或者换句话说，只有自身受到影响，才有可能产生共情。埃多－洛奇在这个例子中采用了视角转变（Perspektivwechsel），但这并不总是可行的。白人不能试探性地钻进黑人的皮肤，因此不能体验到身处于这样的皮肤下的感觉，不能忍受他人的"斜眼看人"，甚至无法因为自己的外貌而经历语言暴力或肢体暴力。

共情的局限性可能不仅是因为不情愿和懒惰（当然，这绝不意味着这些因素没有起到作用），关于"文化挪用"的艰难讨论也表明了这一点。人们用"文化挪用"一词来批评某些作家、翻译家、电影制作人——他们处理着自身一无所知的材料，并从中牟利，他们利用其他身份群体的痛苦赚钱，而这些钱本应由那些从内心深处了解这种痛苦的人来赚取。

相关例子很多，其中一个是 2021 年春关于美国黑人女诗人阿曼达·戈尔曼（Amanda Gorman）的讨论。戈尔曼曾在拜登的就职典礼上朗诵了她的诗《我们攀登的山》（*The Hill We Climb*），随后，这首诗的版权被卖到了世界各地。一家荷兰出版社委托著名白人女作家玛丽克·卢卡斯·莱纳菲尔德[1]来翻译此诗，却广受批评。批评者指出，在分配翻译工作时，黑人女翻译们被忽视了。此外，批评者认为，一个有色人种译者会更合适，毕竟，白人译者没有与黑人作者相同的经验世界。随后，莱纳菲尔德屈服于公共舆论的压力，放弃了翻译。

还有一个例子是关于畅销书《美国污垢》（*American Dirt*）的争论。在此书中，美国女作家让尼娜·卡明斯[2]讲述了莉迪娅的故事。莉迪娅是一名墨西哥女性，在她的家人遭到墨西哥黑手党的死亡威胁后，她试图带着儿子逃到美国。该书起初在文学界受到高度赞扬，其电影拍摄权被出售，原书也被加印。但在拉丁裔文学批评家的抗议下，爆发了一场抗议浪潮。最终，出版商退缩了，为自己在该书营销中的不敏感而致歉。[3]在其他艺术领域，从过去到最近，也常有对于文化挪用的批评。例如，现实生活中是异性恋者的女演员斯嘉丽·约翰逊（Scarlett Johansson），由于受到跨性别群体的严厉批评，在2018年放弃了出演电影《色情按摩》（*Rub and Tug*）中的跨性别者角色。

---

1 玛丽克·卢卡斯·莱纳菲尔德（Marieke Lucas Rijneveld, 1991— ），荷兰作家、诗人，著有长篇小说《不安之夜》、诗集《幻想》和长篇小说《天选之人》等。

2 让尼娜·卡明斯（Jeanine Cummins, 1974— ），其种族有争议，但多数拉丁裔文学评论家认为她是白人，因此不配写作墨西哥背景的文学作品。

3 2018年，让尼娜·卡明斯的《美国污垢》版权被出版社买下。2020年，该书在做了许多营销后推出，起初收到了许多好评。但在发售前一个月，一篇来自拉丁裔女作家米丽娅姆·古尔巴（Myriam Gurba）的书评，批评该书对墨西哥文化的理解十分肤浅，并认为该书是美国白人女作家对墨西哥文化进行挪用的产物。相关的抗议浪潮爆发后，出版商取消了该书的巡回发售。

2017 年，纽约艺术界围绕白人女艺术家达娜·舒茨[1]的画作《打开的棺材》（*Open Casket*）爆发了激烈的争论。在这幅画中，舒茨描绘了 14 岁的黑人男孩埃米特·蒂尔（Emmett Till）的尸体。这个男孩于 1955 年被两名白人男子谋杀。这幅画的批评者甚至要求销毁它，因为黑人的痛苦被一个白人女性作为题材来贩卖。据艺术杂志《垄断》（*Monopol*）报道，舒茨本人对于抗议的回应是："我不知道作为一个黑人在美国生活是怎样的，但我知道作为一个母亲是怎样的。埃米特是他母亲的独子。我画这幅画是因为我能与受害者的母亲共情。"这位女艺术家提到，她作为母亲与画中人的母亲有着共同的经历，这让人想起英国哲学家大卫·休谟，本书第三章介绍了他的共情理论。休谟理论的出发点是，我们可以通过我们的"作为人的存在"，也就是我们的相似性，来与他人共情。

　　然而，正如像雷妮·埃多-洛奇这样的人所反对的，休谟的理论难道不是最粗暴的白人的普适主义（Universalismus）的证据吗？此处的相似性是什么意思？诚然，我们都是人，但我们的经历和文化背景是不同的。那些无视这种差异的人，将自己的经验世界自恋地投射到所有人身上，从而重复着殖民的历史。

1　达娜·舒茨（Dana Schutz, 1976— ），美国艺术家。其作品画风大胆，色彩鲜艳，介于抽象与具象之间，构建了一个光怪陆离的末日世界景象，同时也映射了现代社会人类畸形病变的心理。

另一方面,休谟所描述的同情与强烈意义上的共情有什么关系?[1]
当休谟谈到同情时,指的是相似的生命之间的感情传染:人在
他人身上认识到自己,因此当看到他人悲伤时,自己就会感到
悲伤。而强烈意义上的共情更多地意味着,我通过另一个人的
眼睛看世界。那么,不同人群之间的共情到底是否可行呢?

　　人们会倾向于回答:"当然!"毕竟,不仅演员能置身于其
演绎的角色,作家也能置身于其笔下的人物。的确,正是像理
查森或卢梭这样的男作家,通过他们的书信体小说为广大读者
打开了女性的世界。这种功绩难道不是在相当程度上释放了共
情的力量吗?更不用说像《安娜·卡列尼娜》《艾菲·布里斯特》
《包法利夫人》这样的小说了,这些小说都是男性作家写的,但
都叙述了女性在当时的父权制社会结构中的苦难。

　　作家本哈德·施林克[2]在谈到"文化挪用"的讨论时说:"我
甚至很难认真对待这场辩论。"当然,这位在全世界畅销的《朗
读者》(Der Vorleser)的作者承认,作家的共情并不容易成功。
施林克说:

　　　　我最初想从女性的角度来写我的第一部犯罪小说,但我

1　本书在大多数情况下是将同情(Mitfühlen)和共情(Einfühlen)作为近义词来
　　使用的,因此译者统一用"共情""置身于""进入……角色"这样的表述来翻译。
　　唯独在此处,作者区分了同情和共情。
2　本哈德·施林克(Bernhard Schlink, 1944—),德国法学家、小说家。曾获德
　　语推理小说大奖。代表作《朗读者》是第一本登上《纽约时报》畅销书排行榜
　　首位的德语小说。

后来放弃了这个想法。我当时认为，我不能充分理解一个女人来月经时的感受，也不能充分理解一个女人站在镜子前为了世人的目光而打扮自己的感受。如今我不敢去写一个黑人，因为我对黑人的世界还不够了解。简而言之，写"来自其他世界的人"容易失败。但作家也有可能成功地置身于所写的人物，这需要知识和共情力。我无法理解为什么要有一个禁令来禁止跨越身份的文艺创作。

到目前为止，显而易见，共情是可行的。但在下文中，对于那些指出了共情的局限性的人，我将尝试找出他们观点中的正确成分。只要他们的观点并非一无是处，我们就要看看包括哪些内容。毕竟，在第三章中，卢梭虽有共情力，但他对女主角朱莉的刻画，也是有问题的。在卢梭的书中，女性成为男性观念的投射面，成为男性凝视的对象。类似地，在殖民时代，异族文化成为白人民族学家的观念的投影面，而白人民族学家用他们的解释力书写了异族文化的历史。在性别和种族这两个问题中，关键的是话语权，以及"谁拥有哪段历史，谁有权利讲述它"的问题。如果被边缘化的群体不曾开始记述他们的观点，不曾开始发展他们自己的想象，那么世界文明将会缺失许多东西。

边缘化群体自己书写的文献是非常宝贵的，因为它们开阔了人们的眼界，开辟了新的视角。然而，此处又触及共情的局限性问题：从读者的角度来看，这些文献真的能让我这个中欧白人女性透过完全不同的眼睛来看世界吗？假如我读了许多黑人作家的书，深入研究了殖民与奴隶制的历史，与有色人种进行过无数次交谈，这当然会让我了解到黑人在当今社会的感受。但我在现实中仍然可能遇到这样的情况——在走廊上，一个黑人同事走到我面前说："你就是无法理解我。你感受不到我的感受。"这句话不仅可能出现在跨文化的背景下，也偶尔会出现在每一段积年累月的夫妻关系中。

我们在这里处理的是一个认识论（更确切地说是本体论）的问题：无论我多么努力地采用他人的视角，我永远不可能成为他人。他人经验的主观性，终究是不可触及的。这把我们带入了一个难题，这个难题是关于精神理论的最大难题之一。

关闭的自我：托马斯·内格尔与让·埃默里

美国哲学家托马斯·内格尔[1]在他举世闻名的文章《作为一只蝙蝠是什么样？》（"What Is It Like to Be a Bat？"）中，批判了所谓的还原论（Reduktionismus）。还原论试图从物质方面来解决古老的身体-精神问题。还原论者不假设有像灵魂这样的形而上学的东西，而是试图通过客观数据来解释心理过程，例如通过大脑中的某些可量化、可视化的过程。内格尔反对这种对意识的还原论解释，并指出了"经验的主观特性"。内格尔写道：

1　托马斯·内格尔（Thomas Nagel，1937— ），美国哲学家。研究领域为政治哲学、伦理学、认识论、心灵哲学等。著有《人的问题》《本然的观点》《理性的权威》等。

任何我们熟悉的、最近发展起来的对精神的还原论分析，都无法捕捉到这种特性。同样地，不可能将"与个体视角相关的"对世界的主观经验，转化为"客观的物理理论"。

为了特别生动地说明这种不可能性，内格尔选择了动物世界的一个例子——蝙蝠。我们知道，蝙蝠通过回声在这个世界上定位和定向，这是一种与我们人类的感知形式完全不同的感知形式。内格尔问道："我们怎么才能知道作为一只蝙蝠是怎样的呢？"内格尔回答道："我有如下的想象，但这些想象不会对解决问题有什么帮助：我想象我的手臂上有飞行皮膜，使我能够在黄昏和黎明时分飞来飞去，并用嘴捕捉昆虫；我的视觉很弱，只能用反射的高频声音信号系统来感知环境；我用脚倒挂在阁楼上，度过一整天。我的想象，尚且不是漫无边际，但它只告诉我，如果我的行为类似蝙蝠的行为会是怎样的。但这不是问题的关键所在，我想知道的是，作为一只蝙蝠是什么感觉。"

蝙蝠是一种完全不同的生命形式，即使聪明如人类，终究也无法获得"成为另一种生命形式会是怎样"的认识。我们不仅置身于不同的躯体中，我们的内心也背负着不同的故事。经验的主观性无法被数据或语言完全捕捉到，正如内格尔所指出的："我们对他人经验的认识，除了提取出一个图示概念，就无法做更多的事了。"

而从人的生存的角度，可能没有人比让·埃默里更清楚地、同时也更悲剧性地总结了这种不可弥合的差距。在纳粹时代，

这位具有犹太血统的奥地利作家多次被关押和折磨，并于 1944
年被转运到奥斯维辛集中营。虽然埃默里幸存下来，但他的心
理创伤并未痊愈。1976 年，埃默里的著作《关于自杀的讨论》
出版，其中描述了一个情愿去死的人的极端主观性。埃默里写道：

> 客观事实与他无关。他没有感觉到心脏血管中的物质沉
> 积，但他感到"胸口有重压"。这种感觉只有他自己了解，
> 其他人，包括他的医生，都不了解。尽管他的理智可以通过
> 相信专业人士的话，或多或少地了解他体内客观发生的事，
> 从而走出他的自我，但与此同时，他的自我又牢牢地被封闭
> 在他自身之内，拒绝任何人进入，因为医生客观的语言，永
> 远不可能完全成功地翻译成主体的语言。

埃默里也认为主观经验不能被客观地传达出来。一个有自
杀倾向的人的感受，没有人能够知道或感受到。即便通过语言，
他的体验仍然无法翻译，而只能被封闭在他自身之内。

受影响者的视角与立场理论

该书出版后不久（1978 年），埃默里给作家兼记者塞巴斯
蒂安·哈夫纳[1]写了一封公开信，反对"亲历历史的客观化"

---

1 塞巴斯蒂安·哈夫纳（Sebastian Haffner，1907—1999），德国作家、记者，被
　公认为 20 世纪德国历史最重要的时代见证者之一。著有《解读希特勒》《从俾
　斯麦到希特勒》《不含传说的普鲁士》等。

(Objektivierbarkeit erlebter Geschichte)。此事的背景，是哈夫纳出版了关于希特勒的著作。埃默里反对该书中的观点，认为作者对纳粹的态度过于超脱。在公开信中，埃默里写道："我认为你的客观态度来得太快了。"埃默里提到他自己作为纳粹受害者的主观经历，还指出了自己作为一个犹太人所受的影响。尽管哈夫纳也是犹太人，并受纳粹迫害流亡到伦敦，但从未经受过一个集中营犯人所受的折磨。埃默里对哈夫纳写道：

> 你的伤口已经结痂了，而我的伤口上没有覆盖新的、长好的皮肤。在伤口快要愈合之处，我就自己将它撕开，因为我知道，在伤口下面，化脓的过程还在继续进行。就凭这一点，我现在就比你更有优势。这不是因为我能凭借什么（我所凭借的，不是功劳，而是偶然获得的东西），而是因为第三帝国的现实在我身上，作为一种感染，更加鲜活。

埃默里说，这种恐怖的鲜活，使伤口不至于结痂。这种鲜活使他能够"更敏锐地看到某些症状"，并使他免于对希特勒的"客观的去神秘化"（sachliche Entmystifizierung）。在埃默里看来，"客观的去神秘化实际上只是一种新的和危险的神秘化"，他在信中写道："亲历历史，比历史学记录的历史更真实。作为当代人，谁脱离了体验，谁就脱离了现实，同时也就脱离了自己的命运。"

最终，埃默里死于他的精神伤口。就在给哈夫纳写下以上的话的那一年，埃默里自杀了。

埃默里的信有很多地方值得注意。例如，皮肤被一次次撕开的形象，提出了脆弱性和韧性之间的辩证关系的问题，本书第二章阐述了这一点。正如信中所写，埃默里不得不故意阻止伤口愈合，为了不使"化脓的过程"被掩盖。他必须不断抓破伤口，以便压力能够释放出来，因为伤口无法以任何其他方式表达出来。在这一背景下，把伤口作为艺术创作的常用素材，将其浪漫化或庸俗化，最容易无意间铸成大错。相反地，我们必须在伤口的威胁性的、令人眼花缭乱的二义性中，看到伤口同时对两者开放：既向能力开放，又向毁灭开放。

关于共情，还有一个核心问题，即埃默里所声称的"受影响者的视角更加敏感和敏锐"。这一观点被所谓的"立场理论"（Standpunkttheorie）采纳。立场理论在女性主义中也发挥着重要作用。桑德拉·哈丁[1]在描述这种形式的女性主义理论时写道："简而言之，立场理论的论点是，由于男性在社会上的统治地位，男性的理解和想法是片面和反常的，而女性由于其从属地位，能够发展出更完整的、不那么反常的想法。"立场理论基于的假设是，受压迫群体的人比未经历过压迫的人，对生活和世界的某些领域有着更深刻、更客观的感触。科学家（例如哈夫纳），只从外部了解痛苦，似乎像上帝一样盘旋在事物之上。或者更

1　桑德拉·哈丁（Sandra Harding，1935— ），美国哲学家、女性主义者，女性主义立场认识论的创始人之一，创造地提出了"强客观性"的概念，在女性主义发展中具有深远的影响。著有《客观性与多元性》等。

准确地说，他们隐藏了自己的位置，他们属于未受影响的群体，属于有特权者，并且暗示着不可撼动的科学主义的客观性。然而，在现实中，他们错过了他们的对象。而且，这种错过是必然的，因为他们没有从自己的经验中了解它。另一方面，受压迫群体的人有内在的视角，他们身处于事情之中，亲身经历过苦难。

立场理论主要参考的哲学，是黑格尔（Hegel）《精神现象学》（*Phänomenologie des Geistes*）中关于"主奴辩证法"的章节。黑格尔认为，受压迫的奴仆与对象有着直接的关系，奴仆不知疲倦地工作，忍受着痛苦，推迟自己的欲望；主人（如科学家）与这一现实没有接触，主人享受着奴仆为他准备的东西。但只有奴仆，而不是主人，才会踏上通往客观的世界精神（objektiver Weltgeist）的道路，因为只有奴仆才能通过与世界对抗而获得更高的见解，只有仆人才知晓规定着他的依赖性。

在记忆文化[1]过去了几十年之后，我们才完全看清楚，像埃默里这样的人指出"受影响者的观点有着不可或缺的价值"是多么重要。如果我们不了解那些有幸逃离恐怖的集中营的人的经历，我们就只能对人类历史上最黑暗的岁月有一个极其粗略的了解。当我们看待当代的种族主义和性别歧视时，也很难否认，那些受影响者拥有着人类认识的进步所必需的独家知识，因为

---

1 此处"记忆文化"（Erinnerungskultur）指对"二战"中犹太人所受迫害的反思和铭记，随着"二战"亲历者纷纷去世，"记忆文化"不再是德国思想界讨论的热点。

他们是某些事件的亲历者，而旁人只能从外部描述这些事件。

然而，还有一个问题：受影响者的观点是否应该是唯一有效的观点？或者说，内部观点和外部观点之间有什么关系？早在黑格尔的论述中，就不仅是奴仆一人向世界精神飞升。这正是《精神现象学》的辩证法的关键：人们要踏上走向客观性的路，就只能与另一视角 [1] 不断地进行批判性对抗。目前被我们视为真理的东西，很快就会变成谬误，而自我意识正是由此而逐渐攀升到更高的认知水平。

与黑格尔的辩证法不同，立场理论的逻辑认为，受影响者的观点应当明确地被优先看待。例如，女性主义者一再要求男性完全不应在堕胎等问题上发表意见。毕竟，根据立场理论，受影响的不是男性的身体。

如果那些未受影响者尚且属于苦难的制造者，那么我们几乎不可能让他们参与到讨论之中，或者说，未受影响者的参与从一开始就应被限定为共情的参与。例如，在 #MeToo 辩论的高峰期，有许多人呼吁男性不要急于形成（批评性的）意见，而是要多倾听，以便尽可能地置身于女性的立场。这表明，当未受影响者的观点在描述和规范方面偏离受影响者的观点时，显然被多数人认为是有问题的；而人们对于未受影响者以共情的态度参与讨论，则要宽容得多。因此，在 #MeToo 运动的过程中，也有许多男性自己指出，他们需要倾听以及批判性地"剖

1　指主奴辩证法中主人的视角。

析自己"，从而通过"共情"，而非不同的观点之间的激烈冲突来改造社会。

共情与失去自我

如今人们普遍地提倡共情，提倡用回撤代替对峙，用敏感代替坚硬，用理解代替隔阂。然而，细究起来，我们就会发现，这其中有实实在在的丧失视角的危险：共情所要求的是一个"细心的、有共情力的观察者"，对于事物不再有任何自身的看法，因为他完全融入了他人的看法之中。在《善恶的彼岸》(*Jenseits von Gut und Böse*) 一书中，尼采论述了这样一种细心的人：此人敏感地将自身的感官向世界看齐，并在此过程中完全失去了自我（至少按照尼采的论述是如此）。换句话说，在追求客观时，此人取消了自己。尼采认为，这种性格几乎是自毁性的 (vernichtend)，在该书第 6 部分第 207 段，尼采写道：

> 实际上，客观的人是一面镜子。在一切想要被承认的东西面前，他习惯于屈服。除了承认和"反射"所带来的乐趣之外，他没有任何其他的乐趣。他等待着，直到有东西到来，然后他柔和地展开自己，即使是轻微的踏步，或有幽灵般的生物滑过，也能在他的表面和皮肤上留下痕迹。在他身上残存的能被称为"人"的东西，在他看来是偶然的，往往还是任意的，更多的时候是令人不安的。这种偶然、任意、令人

不安如此强烈，以至他自己成了"异己的形式和事件"的过
道和反光。他的灵魂不发光，而是反射他人的光，并且永恒
地趋向于更平滑的状态，不再知道如何肯定或否定。客观的
人，不发出命令，没有破坏性。他不是目标，不是出路，不
是上升的阶梯，更不是开始。客观的人只是一个精致的、被
吹制出来的、可移动的塑形锅，一个"没有自我"的人。

此处描述的是一种极端的共情的接受性（empathische
Rezeptivität）。对于"客观的人"来说，一切都必须被感知，被
共情地吸收。弗里茨·布赖特豪普特在其《共情的阴暗面》（*Die
dunklen Seiten der Empathie*）中提到了上文所引的尼采的话，
并认为"人的客观化"导致了"人的稀释"（Verdünnung des
Menschen），导致了一种自我否定——人否定了自身的立场。
布赖特豪普特把尼采的言论总结为："（客观的人的）身份其实
是'没有身份'，这种人通过失去或搁置自我而变得有能力去
共情。"

简而言之，布赖特豪普特或尼采所指出的是，过分强调共
情是危险的。如果甲过多地采用乙对事物的看法，那么当乙向
甲寻求帮助时，甲对乙的共情最终不再能给乙带来任何认识上
的收获。

那么该怎么做呢？当某人需要一个好的、友善的建议时，
我们怎样才能恰当地面对他呢？

我感受到了你没有感受到的东西

让我们想象一下 #MeToo 运动背景下的一个具体情形：晚上在酒吧喝红酒时，莉萨（Lisa）向她的好友扎比内（Sabine）讲述了她在办公室里遭遇的事。

莉萨说，一位男同事在走廊上恭维了她几句，这让她觉得不愉快。但她没有表达自己的不满，而是"傻傻地笑了一下"，然后，这位男同事轻轻地摸了摸她的臀部，在她看来，这是一种"明显的侵犯"，让她"非常害怕"。莉萨说，她觉得这位男同事"真的令人很不愉快"，并正在认真考虑向女性权益代表报告此事。莉萨问扎比内："这样做对吗？"

莉萨的朋友扎比内现在可以从两种视角中选择一个——要么"以我为中心"，要么"以你为中心"。女哲学家苏珊·施梅特卡姆普[1]区分了这两种视角。采用"以我为中心"的视角时，扎比内想象自己以自身特定的身心特征而处于莉萨的位置，即："如果扎比内被男同事摸了臀部，那么她会怎么做？"我们假设扎比内划定界限的能力要强得多，而且总体上明显比莉萨更自信，那么扎比内会说："如果我在你的位置上，事情早就解决了。

---

[1]　苏珊·施梅特卡姆普（Susanne Schmetkamp, 1977— ），德国和瑞士双国籍哲学家，主要关注"共情"问题，著有《共情理论》《共情的变体：文学、电影、音乐、语言中的共情》等。

你当时向男同事暗示了你同意他的性挑逗，所以你现在必须弄清楚，你这是自讨苦吃。下次你要明确地告诉他你的态度！"当然，相较之下，这样的反应似乎麻木不仁，没有显示出共情能力，因而莉萨可能会对她的朋友深感失望。

相反地，采用"以你为中心"的视角则完全不同。此时扎比内不是想象自己处于受苦的朋友的位置，而是想象自己就是莉萨（就像上文中描述过的"成为蝙蝠"的问题中那样）。这时，扎比内会说："如果我是你，我当然会请求女性权益代表的帮助。在这种情况下，你没有能力捍卫自身。有许多女性和你有着同样的遭遇，她们也不能捍卫自身，但她们能一起守护你。我不希望这样的事情（甚至可能更糟的事情）再次发生在你身上！"

在共情研究中，这种"以你为中心"的视角通常被认为更难做到，但也是道德上更有价值的视角。对此，施梅特卡姆普写道："选择以你为中心的视角，就是指尽可能地采纳对方的视角。这需要更加灵活和敏感，也需要更多的信息和知识。"她还指出，"以我为中心"的视角被认为是以自我为中心的（egozentrisch），而"以你为中心"的视角是以他人为中心的（allozentrisch）。采用"以你为中心"的视角时，我们必须要与自身保持距离。

但是，像尼采那样的人会在此处反问：从一个如此有共情力的朋友的建议中，莉萨又获得了什么？扎比内最后不过是说出了求助者莉萨自身已经知道的事情，即"莉萨非常害羞和克制，因此没有能力捍卫自己"。从更普遍的意义上说，这种建议在认识方面的价值是什么呢？如果给出建议者只是尽可能地把自己放在求助者的位置上，那么求助者只能通过建议再次确证自身目前的处境。当"以你为中心"时，扎比内给出建议时会用"如果我是你……"的句式。然而，莉萨可能有理由反对这种说法，莉萨会说："我已经是我自己了！"从这个角度来看，难道不正是"以我为中心"的视角才能挑战求助者目前的处境？难道不正是由此才能给事态的发展带来进展？然而，或许没有人会极端让"以我为中心"的视角优先于"以你为中心"的视角，因为这可能会彻底地阻止共情。（让我们把话题拉回本章开头所说的问题）雷妮·埃多-洛奇在她的《为什么我不再和白人谈肤色》一书中指出，白人的闭目塞听从一开始就阻止了任何共情，使他们被困在"以我为中心"的视角中。

朋友之间成功而有益的对话，更多的是视角之间的相互作用，是在共情和挑战之间、"你"与"我"之间激越地来回跳动。换句话说，如果求助者真的对增加自身的认识感兴趣，而不仅限于自我肯定，那么给出建议者就必须在"以我为中心"的方向上不断地逾越共情的基本态度，但与此同时又不能完全失去"以你为中心"的视角。

正是这种带有矛盾的相互作用，最终推动了各种专业的心理治疗谈话。专注的治疗师，在接待坐在沙发上的患者时，会从一种不同的视角（即从外部视角）来看问题，正因为如此，治疗师才能将患者从其井底之蛙的感知中解放出来。如果患者的视角被奉为通向真相的唯一途径，就会出现认识论上的封闭。

此时，人只认识到自己看到的东西，只感受到自己的感受，除此之外，就没有其他的认识和感受了。

有一个著名的儿童游戏叫作"我见你未见"（Ich sehe was, was du nicht siehst）。在这个游戏中，人们互相挑战对方的专注力和观察力，并揭开对方的认识盲区。在心理治疗中，缺乏专注力和观察力的患者，要和非患者一起练习这个游戏。在游戏中，双方都不应将自己置身于对方的观点中。[1] 所谓"我见你未见"，就是"我感受到了你未感受到的东西"。只有这样，人们才能发现最不起眼的细节，才能用不同的眼光来看世界（哪怕只是一瞬间）。

感觉更强烈？

"我见你未见"，还可以从以下意义来理解：我所感受到的，比你所感受到的更多、更强烈、更敏锐。这就谈到了高度敏感的现象。美国心理学家伊莱恩·阿伦[2] 说，高度敏感者更容易被渗透，皮肤也更薄，同时也更有天赋。她十分全面地探讨了高度敏感的概念，而这个概念真正地刺中了我们这个时代的神经。

1　"我见你未见"的玩法是：甲在内心想一个事物，乙要通过甲的多次描述不断缩小猜测范围，直到猜出这个事物。甲每次描述时都以"我见你未见，那就是……"开头，向乙描述该事物的一个特征，让乙能够更确切去猜。乙猜出后，两人交换，由乙来想一个事物，由甲来猜，如此循环往复。在心理治疗中，常用此游戏来训练专注力和观察力。

2　伊莱恩·阿伦（Elaine N. Aron，1944— ），美国心理学家，亲密关系和高度敏感者研究领域的权威。同时，她自己也是一名高度敏感者。著有《天生敏感》《发掘敏感孩子的力量》《亲密关系》等。

第八章

敏感性社会

高度敏感与独异者范式

"在我看来，我能感知到我周围的细微之处。"

"他人的心情对我很重要。"

"我往往对痛苦很敏感。"

"我有丰富而复杂的内心生活。"

"艺术和音乐可以深深地打动我。"

"当我周围有许多事情发生时，我会激动地迅速做出反应。"

"当别人要求我同时做几件事时，我会很恼火。"

"我注意到并享受着微妙而令人愉快的气味、味道、音乐、艺术品。"

这些自我描述，来自伊莱恩·阿伦的畅销书《天生敏感》(*Sind Sie hochsensibel?*) 中的"开场测试"。该书于 1996 年首次出版，已被翻译成 70 种语言。阿伦明确表示，不希望把高度敏感的人格特征理解为一种疾病，而是希望将其理解为一种具有高度创造潜力的遗传特性。阿伦认为，那些高度敏感的人，不仅"对刺激的接受能力更强"，而且具有非凡的才能。阿伦对她的读者写道："大多数时候，您发现自己无法像其他人那样经受那么多。您忘记了您属于那些经常表现出巨大的激情、创造力、共情力、认识能力的人。"

　　阿伦还说，在高度敏感者中，有"预言家、天赋高的艺术家或发明家，以及尤其认真而仔细的受过良好教育的人"。同时，她把自己也列为高度敏感者。压力和过度的外部刺激是高度敏感者的毒药。我们的世界罪恶地要求人们同时做多项任务，并不断加速，这是对高度敏感者的过度要求和妨碍，阻止了他们上述才能的发展。因此阿伦建议高度敏感者，尽管不要逃离社交场合，但要根据自身非凡的人格特征来调整生活。作为一个高度敏感者的案例，阿伦引用了某位查尔斯的陈述："噪声尤其让他感到不安。因此他住在一个安静的街区，用愉快的声音包围自己，包括花园里的喷泉声和美妙的音乐。当工作上的事给他带来过大的压力时，他就在无事时立即离开工作场所，通过弹钢琴或散步来放松自己。由于他的敏感性，他有意识地决定不从商。查尔斯根据自己的敏感性调慢了自己的生活节奏，并尝试不让压力超过自身神经紧张所能承受的限度。对此，查尔斯不觉得有什么不好。"

　　阿伦的书大获成功，许多受过良好教育的中产阶级读者在上述"开场测试"中将自己定位为"高度敏感者"。这很难用"高度敏感是基因遗传"来解释，按照遗传理论，一个人要么有控制高度敏感性状的基因，要么没有。严格说来，"高度敏感"这一特征远不止是一种基因遗传，它还是一种症状，这种症状来自一个加速的、个人化的、有现代晚期特征的世界。这一世界奉行一种不断加强的逻辑，到处是刺激和诱惑，社会的要求中固有着一种苛求的倾向，并导致人们变得过度敏感和神经紧张。同时，社会的要求中还有一种以高度敏感者为典范的理想，即"特异性愈加重要"。这种特异性来自敏感的自我与世界的关系。

社会学家安德雷亚斯·莱克维茨在其著作《独异性社会》(*Die Gesellschaft der Singularitäten*[1]) 中，详细分析了这种现代晚期的"独异者范式"(Paradigma des Besonderen)。20 世纪 70 年代以来，它已成为新兴中产阶级的基本范式。莱克维茨写道：

> 无论我们观察当代社会的哪个位置，人们越来越期待的不是一般，而是独特。机构和个人的希望、兴趣、努力，不再依附于标准化、规范化的东西，而是寻求罕见的、独特的东西。

非凡的创造力、审美的差异化、敏锐的感受力——这些都是当代的核心价值。另一方面，常规和标准既不考虑敏感问题，也不容忍敏感问题，几十年来一直经历着贬值。人们不想要标准化的排屋，而想要个性化设计的住宅；人们不想跟团旅游，而想个人出行；人们不想找一份严守规矩的机关工作，而想从

1　"独异性"(Singularität) 亦可译为"特异性""独特性"。

事一份"创造性的工作"……独特的需求和选择正跃升为新兴中产阶级的理想特征。新兴中产阶级在道德和审美方面都变得愈加敏感，莱克维茨写道："所谓的'道德消费者'（ethischer Konsument）正在发展一种区分面包类型和咖啡类型的敏感性，而在过去，这种敏感性只是葡萄酒鉴赏家的典型特征。新兴中产阶级消费者寻找特定年份的复古家具来取代现货沙发。"

从上面的话中，我们可以清楚地看到敏感性和独异性是如何不可分割地交织在一起的。只有那些拥有精细化的感知力的人，才能形成鉴别力。只有那些能感受外在和内在振动的人，才能表达自我，才能创造性地实现自我。只有那些在社会交往中展现出敏感性的人，才能感知到他人的特异的脆弱性，并公正地对待这种脆弱性。莱克维茨写道："人们已经对'异性恋白人男性'之外的身份群体的特异的脆弱性形成了一种感觉。这些身份群体包括女性、同性恋者、有色人种与其他少数民族、跨性别者、有身体或精神障碍的人。"这种道德敏感性（ethische Empfindsamkeit）促使人们敏感地使用语言，保持适当的身体疏离，谨慎地行事，在互动中注重微妙的差异。例如，对于道德消费者而言，动植物也被自然地视为有权利诉求的生命，像人类一样，它们也有生命权，因此必须被谨慎对待并被考虑到。在这些消费者看来，我们需要的不是对自然的征服，而是对生态的敏感。

此外，不要忘记还有心理和生理上的敏感性。只有那些知道如何倾听自己的内在的人，才能感知个人需求以及身体的独异性，并相应地调整自己的生活方式：甲需要大量的光线，不能住在较低的楼层；乙不能耐受乳糖；丙必须在早上做两个小时的瑜伽，才能开启一天的生活；丁不能容忍与其他人的任何亲密接触。社会的独异化为单人家庭，这与需求的分化有着密不可分的关系。

过敏症的增加也体现了社会的敏感化和独异化。在德国，每三个人中就有一个人患有过敏症，而且这种趋势还在上升。过敏的原因是所谓的对外来物质的过敏，这些物质实际上是无害的，但身体对其进行反抗，表现出过度的防御性反应。当然，在我们这个独异化、需求多样的社会中，对某物过敏早已跃升为一种习惯性的说法。

在这一背景下，根据阿伦的说法，高度敏感绝非一个例外现象，就不足为奇了。根据阿伦的说法，大约有20%的人是高度敏感的。更重要的是，高度敏感不仅比人们想象的要广泛，而且甚至代表了以异化为标志的现代晚期的一种深深的渴望，因为高度敏感者与世界有联系，两者之间通过一条持续的、振动的线相连。

共鸣敏感性

社会学家哈特穆特·罗萨在敏感性社会的背景下提到了"共鸣"（Resonanz）。共鸣的概念是罗萨的著作《共鸣》一书的主题，此书通过研究"历史上形成的与人生有关的敏感性"，阐释了关于世界关系（Weltbeziehung）的社会学理论。罗萨在该书中提出，人类对感性的世界关系的需求，包括"液化"（Verflüssigung）、"触摸"（Berührung）、"有节奏的摇摆"（rhythmisches Aufeinandereinschwingen），这些需求与资本主义现代晚期的物化倾向构成强烈的对比。罗萨认为，世界不是开放着的，而是在冷漠地退缩着。技术和社会方面的增长和快速变化，使主体与世界疏远。主体面对世界时，缺乏与之相关的情感。

　　"共鸣"一词源于拉丁语，意思是"回声"。罗萨认为，现代世界仍然是哑巴，对于人的呼喊，它没有回应。现代人的"抑郁的自我"是这种"无回应"的最显著症状。就像一个孩子在父母不关注他时变得精神萎靡一样，人因为世界的冷寂和沉默而生病，内心变得僵硬，呆滞而无活力。

　　这种抑郁的反面，是专注力实践的蓬勃发展。几乎没有什么东西能像共鸣那样令现代人渴望。瑜伽、冥想、养生、敏感性训练 [1] 正跃升为治愈抑郁、重获共鸣的承诺。人们希望终究能再次感受到自己和世界，培养对日常生活之美的感受力，对此罗萨写道：

　　　　现代晚期的主体尤为坚定地试图了解自己的感受，试图

---

[1] 敏感性训练（Sensibilitätstrainings）是指训练人对于触摸、冷热、疼痛的敏锐的感觉，针对因病或因伤而触觉受损的患者。

感受自己的身体，试图建立和谐的家庭关系，试图实现他们的事业，试图在精神方面继续发展。因此，他们在生活的各个层面都在寻找"回应的关系"（Antwortbeziehung）和"共鸣的体验"（Resonanzerfahrung）。

在罗萨看来，这些以感情为中心的"体验自我与世界"的技术，属于"共鸣敏感性"，源自对"歌唱的世界"（singende Welt）的浪漫渴望。"歌唱的世界"与"消费的世界"（Konsumwelt）的持续嘈杂无关，与其臭名昭著的感官过度刺激无关。相反地，共鸣敏感度的前提是退却（Rückzug），即从嘈杂而异化的环境中退却。在"退却"的语境下，关键是，"我们只需安于世界的一隅（Weltausschnitt），找到适合于我们的避难所（Refugium）"，就能产生共鸣敏感性。这个避难所，在某种意义上说，将我们从资本主义物化规律和技术的过度刺激中解放出来。它可以是一个特定的地方，例如充满共鸣的家或乡下的度假屋；它也可以是一种心理环境，例如"与某些人在一起"。罗萨写道：

> 现代社会的特点是，它要求生活在其中的人，像共鸣地震仪一样在社会空间中移动，并在人们相互攀谈或相互呼唤的时候和地方（即在互动伙伴之间擦出"火花"的时候和地方）建立社会联系。

因此，现代社会的决定性因素（见莱克维茨的论述）不再是由传统决定的纽带（例如家庭），而是点状的、特异的、强烈的关联。对此，罗萨写道："强烈的私人的社会关系因而（至少在思想上）摆脱了阶级的、礼仪的、宗教的规章或规则，被概念化为纯粹的共鸣关系。"

　　理解共鸣关系的关键，是做一种范式区分。这种区分有着悠久的传统，我们已经见过它的各种变体和它的各个方面。这种区分就是消极的、（字面意义上）杀死神经的、遭受过度刺激的被动敏感性与积极的主动敏感性的区分。主动敏感性是感官的创造性振动，是自我和世界之间的创造性振动。伊莱恩·阿伦也依附于这一传统的区分。当她的患者可能压力过大时，她会向他们推荐"共鸣绿洲"[1]。"共鸣绿洲"是"退却"之处，它保护敏感的人，既不苛求敏感者，也不扼杀敏感者，而是以恰到好处的方式促进创造过程。换句话说，高度敏感者必须从世界退却，这与敏感的艺术家的生活方式非常相似。早在1935年，抒情诗人和哲学家保罗·瓦莱里就开创性地阐明了资本主义社会的过度刺激、敏感性、创造性这三者之间的关系。

保罗·瓦莱里与安全空间

　　保罗·瓦莱里在其著作《智力的结算》（*Le bilan de l'intelligence*）

1　"共鸣绿洲"（Resonanz-Oase）是伊莱恩·阿伦的心理治疗所营造的一种免除压力、没有敌意、注重倾听、舒适放松、鼓励创造的环境。

的开头写道：

> 跳跃性、变化无常、匆忙的中断、令人惊讶的离题比比
> 皆是，它们构成了我们的生活条件。许多人身上实际上已经
> 形成了一种瘾，他们的精神食粮只有突然的离题和不断变化
> 的刺激。"耸人听闻"和"令人印象深刻"是这整个时代的
> 口号。

瓦莱里惊恐地察觉到精神的衰败，并把这种衰败归因于他那个时代持续地兴奋着、加速着的生活世界。瓦莱里写道："精神的工作条件确实遭受了与所有其他人类事务相同的命运，也就是说，精神的工作条件参与了交换过程的普遍的强化和加速，并遭受了事件的不连贯性和幻象般的闪光。"

但究竟为什么在这些条件下智力会受到不良影响呢？为什么智力不能被外部刺激激励呢？让我们想想哲学家瓦尔特·本雅明[1]，他不正是受到巴黎城市生活的驱动和激励吗？要回答这个问题，就要考虑敏感性对于智力的作用。瓦莱里认为，敏感性是智力不可或缺的先决条件，实际上也是智力的脆弱的生命线。瓦莱里写道："然而，敏感性在当前的生活环境中最容易受

1　瓦尔特·本雅明（Walter Benjamin，1892—1940），犹太学者、德国思想家，被认为是"欧洲最后一位知识分子"。写作永远徘徊在绝望与希望之间、大众和神学之间，因此获得了某种暧昧的伦理学态度。著有《发达资本主义时代的抒情诗人》和《单向街》等。

到威胁。那些不断寻求离题（Ablenkung）和轰动（Sensation）的人，由于现代社会的快节奏，不再有时间驻留片刻。他们长期受到过度刺激，根本无法再沉浸到自己的感知中，而是完全将自我捐弃到外物之中。"

更重要的是，敏感性本身正在受损，实际上正在下降。对此，瓦莱里写道：

> 鉴于所有这些事实，在我看来能够并不牵强地得出这样的结论：现代人的敏感性正在下降。为了让我们有一些感觉，事物必须造成越来越强的刺激，耗费越来越多的能量。因而我们的感官感觉在经过一个阶段的精细化（Verfeinerung）后，现在必然已经开始下降。实际上，我相信，如果能更精确地测量引发文明人的感官所需的能量，测量结果会显示出感知阈值的升高，而这意味着，现代人的感知越来越迟钝。

其后果是，现代人不仅丧失了艺术生产力，也丧失了审美感觉。因此，瓦莱里观察到，现代人丧失了"形式感"（Formgefühl），例如"人们对一切丑陋和令人厌恶的设计越来越漠不关心，不加批判"，这在当代建筑和城市规划中体现得尤为明显。

相比之下，以前的艺术家们是在更理想的条件下工作的。瓦莱里强调，重新发现"自由的时间"（freie Zeit）是十分必要的，也就是说，人们要从外部的疯狂中刻意地抽身离开。瓦莱里所说的"自由的时间"并不是指业余时间（Freizeit）。如今人们总是把业余时间安排得很紧凑，而瓦莱里所说的"自由的时间"更多地是指心灵的闲暇（Muße），是完全的"无目的"（Zweckfreiheit）。用哈特穆特·罗萨的话说："'自由的时间'是拯救性的'世界片段'——在此时此刻，没有忧虑，没有忙碌的早晨，没有内在的压力，只有一种缺席的休憩，只有一种惬意的空缺，使心灵恢复应有的自由。在'自由的时间'中，人只忙于自我。人摆脱了对实践认识的责任，摆脱了对未来的担忧，于是就可以忙于生产像水晶一样纯净的形象。"

我们能轻松地将瓦莱里所描述的思想用于当代，把他的忧虑移植到当下。20 世纪 30 年代的电影院和报纸，如果用今天的事物来类比，就是网飞（Netflix）、推特，以及其他的数字传媒。的确，相比于当今数字传媒的持续刺激，瓦莱里时代的紧张程度小得多。于是，如今人们对一个日益去敏感化的、迟钝的世界的担忧要严重得多，也就不足为怪了。在数字时代的刺激下，不仅有人发出警告，说人们正在变得越来越傻（尤其是青少年），而且还有人警告说人们的话语愈加粗野，人们的暴力愈加严重。事实上，在今天的教育机构中，借助于数字传媒的欺凌行为非常猖獗，仇恨在社交媒体和评论区中几乎毫无节制地释放出来。硬化的趋势与手指在触摸屏上的精细触感形成了鲜明的对比——当人们在谩骂、侮辱、搞阴谋诡计时，他们几乎总是温柔地抚摸着一个灵敏的设备的表面，用高度敏感的指尖小心地触摸着高度灵敏的按钮。这种温柔的姿态和粗暴的行动之间的对比，绝非是不可调和的，恰恰相反，只要人们的手指轻微而不为人注意地一动，就像由一只万能的手完成了一个行为——"我的意志实现了！"[1]

除了上述的众所周知的批判数字传媒的、对社会持悲观态度的观点外，如果我们着眼于当下，就会发现当代与瓦莱里的时代相比，还有一个重大的转变：如果说在瓦莱里的时代，诗人和艺术家的生活方式值得保护，那么在当下，尤其是在大学中，我们就要呼吁为受压迫群体设立"安全空间"。安全空间的主要作用，不是小心翼翼地培养创造性的灵魂，而是要保护受压迫群体，让他们远离那些想法不同的人的干扰和冲动。瓦莱里时代的"感官刺激过多"，如今演变为"对世界的不同看法过多"，这些看法相对化并威胁着每个群体或个人自身特殊的"置身于世界"[2]。一个人想要独处，或和自己的同类待在一起。简而言之，"敏感的艺术生活"已经被"敏感的政治生活"取代。敏感的政治生活，就是"应该被保护在安全的地方，免受公开论战和霸权支配的苦难"。

1　此处"我的意志实现了！"（Mein Wille geschehe）是模仿《圣经》中"上帝的意志实现了"（Des HERRN Wille geschehe）。

2　"置身于世界"（In-die-Welt-Gestelltsein）一词可能是仿照海德格尔的"在世界之中存在"（In-der-Welt-sein）而造的概念，指不同身份的人或群体存在于世界的方式，与下文的"政治生活"（politische Existenz）近义。

"雪花"对抗"好吧潮生人"

鉴于这种新的（政治）敏感性，老一辈人尤其抱怨如今政治辩论中敏感性日渐加剧和极端化。这种抱怨集中在"雪花"这个歧视性的概念中，这个概念指的是所谓的"被左翼'身份政治'宠坏的代表"。"雪花"指的是年轻的、觉醒的[1]、具有多样性意识的数字原住民[2]。长辈们指责"雪花"们是高度敏感者，完全没有能力进行政治辩论。

这种高度敏感与"雪花"们所谓的独特性密不可分。正如"没有两片雪花是一样的"，正如"每一次对雪花的触碰都会破坏它们"（老一辈人就是因此而批评"雪花"一代），年轻的 Z 世代[3]也认为自己非常独特。"雪花"一代容不得他人离自己太近，更不用说被粗暴地触摸。

老一辈人使用"雪花"一词时，还带有对年轻一代的成长环境的批判。在老一辈人看来，"雪花"一代从未接触过生活的艰难，一直在软绵绵的保护环境中长大，完全缺乏健康的韧性，因而只知道呼吁引入触发警告和安全空间来保护自己。简而言之，"雪花"们是高度敏感的、独特的、不可触摸的。"雪花"这个贬义词可能是独异者范式最突出的体现。

1　详见知识背景 18。
2　"数字原住民"（Digital Natives）指从小就使用互联网的一代人，与下文的"Z世代"近义。
3　"Z 世代"（Generation Z）指 2000 年前后出生的一代人。

　　然而，如果有人认为所谓的"雪花"一代不知道如何反击，那么就大错特错了。相反地，在"雪花"一代身上，也能看到敏感性的攻击性的反面。"雪花"一代使用贬义词"好吧潮生人"[1]来讽刺老一代人，即"二战"后婴儿潮（1946—1964）期间出生的人。说白了，在"雪花"一代看来，"好吧潮生人"完全没看懂最新的发展趋势，坚持着完全过时的观点。

　　"雪花"一代会对"潮生人"说："你认为恭维只是无害的，或者男人可以触摸女人？好吧，潮生人。你认为'星期五为未来'（Fridays for Future）运动[2]只是在制造恐慌？好吧，潮生人。你认为尽管康德有种族歧视[3]，但仍然可以读他的书，只因为他是大哲学家康德？好吧，潮生人。你仍然认为家庭比友谊更重要？好吧，潮生人。你认为人类性别分为男性和女性是生物学事实？好吧，潮生人。"

　　相应地，"潮生人"也被认为有一种特殊的敏感性，他们也爱哭。"雪花"一代会对"潮生人"说："每当你们为失去特权和传统而感到恐惧时，你们就会立即开始号哭。你们无法应对

1　"好吧潮生人"（OK Boomer）是仿照英文中"婴儿潮一代"（baby boomer，在后文中简称"潮生人"）而创造的。"好吧潮生人"原本是"好吧，潮生人"，其中的"好吧"（OK）表达了一种无可奈何、不愿与老一代争辩的口吻。

2　详见知识背景 19。

3　例如，康德在其 1802 年出版的《自然地理学》（*Physische Geographie*）中写道："白种人是最完美的人类，印第安黄种人的才能已经低了一些，黑人（的才能）更是低得多了，美洲的一些民族（的才能）是最低的。"

新的压力。你们凭什么来破坏未来的生态基础？你们怎么敢？[1]
我们人多，我们嗓门大！"

从"雪花"的视角看，"潮生人"的世界是传统、规范、标准的世界，而"潮生人"是这个必然衰落的世界的代表。用莱克维茨的话说，"潮生人"显然属于过时的"普通人"（Allgemeine）范式，而不属于"独异者"（Besondere）范式。"潮生人"是一个濒临灭绝的物种，一个悲哀的"老白男"[2]——他无法释怀自己优势的丧失，但又不得不接受这一现实。

别碰我？

那么，高度敏感是新的常态吗？安全空间是新的共鸣绿洲吗？特殊（Besondere）的东西能否胜过普遍（Allgemeine）的东西？分治主义（Partikularismus）能否胜过普世主义（Universalismus）？自由职业、灵活的创造性工作能否胜过循规蹈矩的固定工作？敏感性能否胜过韧性？如果以上问题的回答都是"是"，那么我们就罪恶地忽视了当前的重大危机。经济方面不稳定性的增加、生活中的抑郁、作为事实辩论场所的公共空间的侵蚀，清楚地表明了独异性范式的问题所在。在其著作《独异性社会》的结尾，莱克维茨还总结道："追求认可的社

1　原文此句用的是英文"How dare you？"，这是 2019 年 9 月 24 日格蕾塔·通贝里在联合国气候行动峰会演讲时的一句口号。详见知识背景 19。
2　可参见知识背景 3。

会危机、自我实现的文化危机、公共领域和国家的政治危机，都可以被解释为一种普遍危机的表现。这种普遍危机是'极端地推崇独异者'，而社会正在陷入这种危机之中。"

这一普遍危机的一个极端例子，是一起用餐的仪式。当坐在餐桌旁的每个人都有着不同的饮食敏感性时，他们就几乎不可能一起用餐。甲说："这盘沙拉里有坚果吗？抱歉，我对坚果过敏。"乙说："沙拉里有肉吗？抱歉，我是素食主义者。"丙说："沙拉里有非本地的水果吗？抱歉，我不支持这种应受惩罚的破坏生态平衡的行为。"用餐者们的敏感性越高，每个人独处并单独用餐[1]的可能性就越大。

与这种"各吃各的"的倾向密不可分的，是刚刚规定的人际距离[2]。如果说#MeToo辩论已经强调了男女之间保持距离的规则，那么在自 2020 年以来的新冠疫情中，人与人之间的距离已经成为一种病毒学的必然要求。在下一章，用埃利亚斯·卡内蒂的话来说，我们将讨论"对近距离触摸的恐惧"。

---

1 "独处并单独用餐"的原文是 "dass jeder allein is(s)t"。此处玩了一个德文文字游戏，"allein ist"是"独处"的意思，"allein isst"是"单独吃饭"的意思，两者只差一个字母。
2 "刚刚规定的人际距离"（neue Unnahbarkeit）指新冠疫情中的社交距离，详见知识背景 21。

第九章

保持距离的规则

现代社会对距离的渴望与人类学对触摸的恐惧

新冠疫情期间保持距离的规定，即使明显是必要的，却仍然遭到了广泛的抱怨。该规定要求人与他人保持距离，不让他人靠近到 1.5 米以内。社交距离（social distancing）几乎被一致认为是对人类这种社会生物的苛求。人类需要触摸：不仅孩子需要，成年人也需要；不仅在特殊情况下需要，在日常生活中也如此；不仅可以来自熟人，也可以来自陌生人。触摸，即使转瞬即逝，也能创造亲密、团结、安全、信任，以及情感上的亲近。简而言之，触摸带来温暖。而温暖给人以安全感，因此原始人住在洞穴里保暖，或生起营火取暖。丽贝卡·伯默[1]在其著作《温情触碰》（*Human Touch*）中写道："触摸不仅刺激了对抚摸有特殊反应的 C 类触觉纤维，而且刺激了皮肤中的热感受器。温暖本身可以影响情绪和心情。温暖会引发幸福感和

---

[1]　丽贝卡·伯默（Rebecca Böhme, 1986— ），德国神经学家，研究重点为"触觉"和"自我"问题。

舒适感，并促进血清素的释放。"咖啡馆里的服务员或工作场所中的同事的一点触碰，就能立刻使气氛变得轻松。

　　然而，对于一些读者来说，上面的描述也可能会引发相当不愉快的联想。工作场所的触摸？或许是男老板在口授时"相当私人地"、短暂地抚过女秘书的肩膀？如果你这样想，那么你会对认为"触摸带来温暖"的人说："不，算了吧，不是我的C类触觉纤维受到刺激，而是后颈的毛发竖立了起来。"

　　事实上，仔细观察可以发现，因防控病毒而实施的保持距离的规则，绝不简单地意味着对于"社会性"的不合理逆转。[1]相反地，社交距离是一种现代人的渴望的极端体现，即不希望他人（尤其是陌生人）离自己太近。本书第一章说到，诺贝特·埃利亚斯认为，文明的进程是一个敏感性不断提高的过程，甚至在身体意义上也是如此。一个社会的文明标准越高，对人际距离的需求越大。如果人际距离过近，就会令人感到羞耻和厌恶。在新冠疫情中，社交距离这一文明习惯以医学要求的形式出现，并作为一项规定被更牢固地树立起来。现象学家格尔诺特·伯默[2]写道："以前作为一种尊重而保持的距离，即不要离他人太近，现在是一项卫生措施，必要时会通过罚款来强制执行。这引入

1　"社会性"意味着人与人要接触、交往，在这个意义上，新冠疫情期间的社交距离规定是"反社会性"的，因此被称为"逆转"。

2　格尔诺特·伯默（Gernot Böhme, 1937—2022），德国哲学家。他是丽贝卡·伯默的父亲。研究领域包括科学哲学、时间理论等，德国生态批判理论倡导者。著有《语境中的伦理学》《审美资本主义批判》等。

了一种类似于'卫生正确'[1]的东西。"

建筑学也清楚地体现了人们对距离的需求越来越大。如今在西方工业化国家，公寓间共用的厕所几乎是不可想象的，而客用厕所成为了当代建筑标准的一部分。客用厕所基于的想法是，他人的排泄物和气味不应与自己的相混合。如果我们再看看德国人均住房面积的增幅，就会对于人们对距离的渴望留下深刻的印象。1950 年，德国人均住房面积仅为 14 平方米，而如今这一数据为 45 平方米。

现代晚期人要求有一个不被打扰、不被骚扰、不被威胁的空间。从文明的角度来看，有问题的不是距离（Distanz），而是其反义词——拥挤（Enge）。[2]"拥挤"的一个噩梦般的典型例子，是拥挤的莱斯沃斯岛上的莫里亚难民营，那里到处是秽物，难民们被迫互相紧挨着、蹲坐着，缺乏隐私空间。另一方面，超市里的消毒液分配器、口罩、整洁清晰的线条，界定了人与人之间的距离，是文明化进程暂时的顶峰，它将每个人与他人分开；并为每个人分配了明确划分的自由空间。

---

1 "卫生正确"（hygienical correctness）是仿照"政治正确"（political correctness）而造的词。

2 "Distanz"还可以译成"疏远"，而"Enge"还有"接近、紧贴、逼仄"的含义，所以作者说两者是反义词。

"你的自由结束之处，正是我的自由开始之处"[1]——这一自由主义原则概括了被赋予公民权利的现代人的自我理解。我不会离你太近，你也不要离我太近。尊重他人的自由，不触碰他人的自由，属于文明的核心价值。隐私、私有财产、自己的身体受到保护，免受他人和国家的侵扰。

禁止触摸身体，就像所有其他保护性规则一样，在文明进程中从特权阶层扩展到社会下层。谁都不能违背某人的意愿而触碰他，或对他进行医治，更不能虐待他。公民对自己身体的处置权以及身体不受损伤的权利受到法律保障。

这种保护公民免受攻击的法律，清楚地指出了触碰对于现代人理解法律和自我的重要性。因此，《德意志联邦共和国基本法》第1条也规定："人的尊严不可触犯。"尊严的不可触碰性，尤其是身体的完整性，使人本身成为一种几乎神圣的目的。根据传说，耶稣复活后对抹大拉的马利亚（Mary Magdalene）说："不要摸我。"（见《圣经·新约·约翰福音》第20章第17节）禁止触摸身体对于主张自由的（性）解放运动来说是关键的。无论是 #MeToo 运动还是"黑人的命也是命"运动，都表明任何人都无权违背他人的意愿去触摸他人。每个生命都有尊严，与

1　"你的自由结束之处，正是我的自由开始之处"（Deine Freiheit endet, wo meine Freiheit beginnt）改编自康德论述自由界限的名言（Die Freiheit des Einzelnen endet dort, wo die Freiheit des Anderen beginnt）。除康德外，还有许多思想家说过类似的话。这句话常被用来支持新冠防疫政策，并反对极端的个人主义。一些反对新冠防疫政策的人认为，防疫政策是（国家）对个人自由的侵犯，反对者引用这句话来指出，即使在古典的自由主义中，个人自由也并不意味着无限的自由，个人自由的限度是他人的自由。

此密不可分的是保持距离的权利，而性侵犯和警察暴力是对尊严和权利的公然侵犯。

随着艰苦斗争换来的保护空间的每一次扩张，对"不怀好意的接近"的身体感觉也发生着变化。伊丽莎白·冯·塔登[1]在她的《无接触社会》(*Die berührungslose Gesellschaft*)中写道："如今，西方社会的人们在距离最近的人体不到45厘米时就会感到害怕。因此，当一个陌生人靠近大约半米以内的时候，'不怀好意的侵入感'就出现了。任何跨越这一无形边界的人，都被认为是不尊重人的，至少是不令人愉快的，甚至是有威胁的。"

然而，这种感知不仅是由于文明化进程带来的保持距离的意愿，也不仅来自现代对于公民权利的建构，还有更深层次的原因。就像每只狗被同伴从后面触碰到时都会吓一跳一样，人类也有灵敏的警告传感器。根据埃利亚斯·卡内蒂的说法，警告传感器有着人类学的起源。

卡内蒂在其《群众与权力》(*Masse und Macht*) 的开头写道：

> 人最害怕的就是被未知的事物触碰。人们希望"看到"向自己伸出手的东西，希望认识它，或至少能够对它进行分类。在任何地方，人都会避免未知事物的触碰。在夜里，或在黑暗的环境中，对突如其来的触碰的害怕，会加剧为恐慌。

1　伊丽莎白·冯·塔登 (Elisabeth von Thadden，1961—)，德国记者、文学理论家，供职于德国《时代周刊》(*Zie*)。

甚至衣服也不能提供足够的安全感，因为衣服很容易被撕裂，而触碰能很容易地渗透到被攻击者的赤裸、光滑、没有防备的肉体中。

卡内蒂认为，"人一旦建立起自己的界限"，就永远离不开这种植根于人类学的恐惧。这种原始的恐惧是人类渴望保持距离的核心动力。正是对接触的恐惧，极大地推动了和渗透进了文明的进程。对此，卡内蒂写道：

> 人们在自己周围创造的所有距离，都是由这种对触碰的恐惧决定的。人们把自己关在不允许任何人进入的屋子里，只有在屋子里面，他们才有些许安全感。屋主对入室者的恐惧，不仅是怕他掠取财物的意图，还是怕他出其不意地从黑暗中伸手抓住屋主。爪子形状的手，总是被用作这种恐惧的象征。对触碰的恐惧，已经融入了"angreifen"一词的双重含义[1]之中。

拥挤的情况（例如，在地铁中）令人感到不愉快，这绝非仅仅是因为文明化进程带来的过度敏感（例如，对体味的敏感），而是由于根深蒂固的对 Angriff[2] 的恐惧。对此，卡内蒂写道："我

---

1 动词 "angreifen" 既有"摸、抓、拿、动手"的含义，也有"进攻、损害"的含义。
2 名词 "Angriff" 是 angreifen 的名词化形式，也有"抓"和"攻击"的双重含义。

们在街上、在人群中、在餐馆、在火车上、在公共汽车上的行动方式，都是由这种恐惧决定的。即使我们可以站在离他人很近，近到足以能仔细地打量他们的地方，我们仍尽可能地避免触碰他们。"

然而，这条规则有一个例外，卡内蒂也注意到了，他写道："但如果我们做了相反的事情（触碰了他人），就表明我们对此人产生了好感，这是一种我们自发的主动接近。"此处卡内蒂谈论的是性吸引，它将有威胁的陌生人转化为一种吸引人的对象，一种情欲的对象。

社交的规则化

卡内蒂的《群众与权力》出版于 1960 年，正是性革命[1]的前夕。从今天的角度来看，这位哲学家对这一棘手之处的命名十分缺乏预见性。在 20 世纪中叶，人们根本没有把出于色情或性动机的非自愿触摸当作一个突出的问题来处理。相反地，甚至连 20 世纪 60 年代末和 70 年代的性革命者也认为女性的身体是可用的，至于所谓的"婚姻义务"[2]，则更不必说。

而 1997 年后，婚内强奸成为一种刑事犯罪。诸如"说不就是拒绝"和 #MeToo 等女性主义倡议，使得德国刑法关于性犯

---

1 详见知识背景 8。
2 1966 年西德联邦法院把"婚姻义务"解释为包括婚内性交在内的义务。

罪法的段落在 2019 年变得更加严厉。如今,对婚内强奸的定罪,不仅要看是否有实打实的暴力,还要看男性是否无视了女性表示拒绝的意愿。如今,任何试图触摸他人却忽视或误解他人所表示的不情愿的人,都有可能受到法律的惩罚。

因此,受法律保障的保持距离的规则,延伸到了性生活中。但是同样清楚的是,男性和女性的相处不能完全由法律来规定。在法律规定之外,还有一个对道德要求很高的部分,必须由个人自己来掌握和塑造。那么,某个男性或女性要问:我在这样或那样的(与情欲有关的)情况下,该怎么做?我问候对方时应该亲吻还是握手?什么会令我感到不舒服,什么不会?对方期望我做什么?在这种如此紧张的男女关系中,我怎样才能自由自在地行事?有什么迹象能表明我想要什么和不想要什么?我又如何知道我想要什么和不想要什么?我的欲望真的是我的吗,还是为了满足对方?

显然,社交距离不仅可被视为一种苛求,而且在更深层次上,也可以被视为一种缓和。事实上,正因为病毒禁止人们接触,高度复杂的、充满了冲突的欲望与期望的生活世界被简化了,而这正令人们感到愉快。文学理论家贝尔纳黛特·格鲁布纳[1]在她题为《病毒欲望》("Viruslust")的文章中写道:"在新冠疫情中,传染的范式让传染性(Infektiosität)作为一种社会关系建立起来。

---

[1] 贝尔纳黛特·格鲁布纳(Bernadette Grubner,1982—),德国文学理论家。著有《女性主义需要性别差异思维吗?》《类比游戏:彼得·哈克斯戏剧中的古典主义和浪漫主义》等。

传染性让主体从新冠防疫规定造成的空虚（Leere）中获得一种'充实'（Fülle）。""一个人因关闭社交场所和放弃私下聚会而产生的匮乏体验，可以被无限正确的行为方式抵消，这些行为方式不再必须与其他相处和行事的方式进行权衡。"

从这个角度看，在新冠疫情时期，遵守社交距离并不是一种损失，相反地，它是一种收获。格鲁布纳接着写道："这就是'新'的团结的潜在的吸引力，它通过无接触实现了。同时，它免去了每段关系所包含的内在冲突。与他人的每一次接触，也意味着要面对他人身上令人排斥、反感、恐惧的东西。称呼他人时，总是需要心理上的消耗，通过对亲近的渴望来克服这种排斥和反感。"

人们对亲近的渴望的核心，是要消除令人不安的二义性。在这一背景下，美国人签订所谓的"性爱合同"的趋势，也给我们很多启示。性爱合同指的是试图通过合同来规范性爱关系中在法律之外的令人捉摸不透的东西，从而澄清它们，例如：多长时间性交一次？多长时间必须向对方说一次"我爱你"？家务和养育孩子的工作将如何分工？性爱合同把所有细节都以书面形式记录下来，以便在必要时能够参考。

性爱合同体现了人们用规则来规范性爱关系的渴望，社会学家埃娃·易洛斯在她的《爱的新秩序》[1]一书中论述了这种新的渴望，并将其归因于全世界对性虐小说《五十度灰》（*Fifty*

---

1 埃娃·易洛斯（Eva Illouz, 1961— ），法国社会学家。著有《冷亲密》《资本主义的爱与文化碰撞》《痛苦的魅力》等。《爱的新秩序》德文版为 *Die neue Liebesordnung*，翻译自英文版《硬核浪漫》（*Hard-Core Romance*）。

Shades of Grey，2011）的炒作。英国女作家 E.L. 詹姆斯（E. L. James）的小说《五十度灰》讲述了年轻的安娜斯塔西娅·斯蒂尔（Anastasia Steele）和克里斯蒂安·格雷（Christian Grey）之间的爱情故事。克里斯蒂安·格雷是一个强大的、有魅力的性虐狂。两人的性爱游戏是由一丝不苟的合同精确规定的，该合同明确地规定了性爱游戏中的各个位置、各项功能、各种界限。易洛斯认识到，这种用规则来规范性爱关系的要求，其决定性原因在于性革命本身带来的那些自由化的影响：一般的形式规则如男女交往中的礼节，已经被诋毁为庸俗市民的道德并失去了效力，同时，有明确界定的性别角色也失去了效力。易洛斯写道："随着人们获得性的自主权，情感互动的领域已经陷入高度的不安之中。"因此，如果人的身体的自由市场无法运作，那么就需要法律和规则来将性行为的棘手和矛盾之处再度形式化。易洛斯认为，《五十度灰》的成功正应当归功于人们对清晰的渴望。

　　这种分析尽管是合理的，但却没有回答以下问题：性革命是一个错误吗？我们想回到基于严格的礼节的性别秩序吗？

　　在这种背景下，更有意思的是下一节将详细讨论的"得体"的概念。"得体"一方面超越了"败坏的风俗"，另一方面也超越了"纯粹的形式主义"，它指的是第三种东西——在特定情况下与特定的人在一起所需的感受力。这种感受力既不是由规则决定的，也不是完全任意的。

最细微的振动：普莱斯纳主张的得体感

"得体"（Takt）来自拉丁文"tactus"，原意是触摸、冲击。这些意义明显包含在得体性（Taktilität）中。[1] 得体感（Taktgefühl）是精微细致的感觉。社会学家赫尔穆特·普莱斯纳在其著作《共同体的边界》中，用了一整章来阐述这种感觉。得体感的核心问题是如何在社会交往中找到亲近和疏远的适当平衡。普莱斯纳认为，礼节的形式主义并不是一个好的解决方案，因为它无法把握情况和对方的独特性，因而是不近人情的、刻意的、冷漠的。普莱斯纳写道：

> 尽管沙龙的礼仪使我们更容易应对社交中的问题，至少使"失礼"不太可能发生，但得体感与之不同。得体感是用个人化的方式对待每个人，并知道如何暗中摸索出一条交往之道。缺乏得体感的沙龙社交术是沉闷无聊的，是一种油滑的形式主义，尽管在礼节上无可指摘，还能取悦他人，但终究是小人物常常糊弄和他一类的小人物的手段。

与沙龙社交术相反，得体感用敏感性取代了单纯地遵守规

1　"Takt"在德语中最常见的意义是"节拍"，初看起来像一个音乐术语。通过追溯词源，作者将其与前几节对触摸的阐述联系起来。由于普莱斯纳主张的"得体"与人们通常理解的符合社交礼仪的"得体"并不相同，因此下文使用"得体感"来翻译"Takt"和"Taktgefühl"。

则。对此，普莱斯纳写道：

> 得体感是感知不可机械地衡量的差异的能力，是理解表象的那种无法翻译的语言的能力。这种语言能够不用词语，只用深不可测的"生活符号"，就讲清楚情景和人物，讲出它们的处境、行为、面貌。得体感是准备好对环境中最微妙的振动做出反应，是将自己排除在视野之外，并愿意开放地看待他人，按照他人的标准而不是自己的标准来衡量他人。得体感是对他人精神的永恒的、清醒的尊重，因此是人心的第一和最终的美德。

简而言之，得体感是对细微差别的感觉，是对氛围中最细微的振动的察觉，正如普莱斯纳所说，是"在理性之外对不显眼事物有着预先感受力，同时又小心地遵守着距离"的艺术。

在瞬息万变的、持续的社交情景中，这种高度敏感的"对不显眼但给人很多启示的事物的远程触碰"，与受到规则限制的僵化相反，也与真切的野蛮的单义性相反。正如普莱斯纳所指出的，那些只想在公共交往中"做自己"的人，不仅使自己变得脆弱，而且还很容易伤害他人。

如果将这一想法应用到当下的讨论中，那么毫无疑问的是，普莱斯纳认为"老白男"是缺乏得体感的，他们只服从于他们不加掩饰的性欲，所以是一无是处的。但与此同时，普莱斯纳也会深深反对当代的"身份政治"的诉求，以及对性互动的管制性限制，正如以下几句话所表明的那样："推崇道德原则的纯粹性，固守道德原则而反感世事的多样性，崇拜语言的单义性，假意热衷于使用真切的语言，不假思索地接受毫无限制的表达……所有这些，都是某些着魔者的症状，他们像机器人一般思想统一，对'非本质'的东西深恶痛绝。"

然而，普莱斯纳也不希望将"有得体感的人"等同于"好人"。谈到"人心"时，他没有对其做任何美化，而是清楚地意识到了内在的二义性。普莱斯纳明确指出了人际交往时微妙、危险、不可预测的性质，他写道："人心，即人的内在，需要距离、机敏、斗争。我们的性格的每一层都在呼唤着游戏和危险。"

普莱斯纳的著作读起来像是一种呼吁，这种呼吁不是要抹去社交中根本的二义性（这种二义性使得人际关系变得如此复杂），而是要在互动的文化中扬弃它。如果我们通过回避、忽视、保持沉默或干脆禁止来去除某种社交情况中的棘手事物，就扼杀了危险和游戏，从而扼杀了人际交往的活力，其风险是无法想象的。另一方面，有得体感的策略则完全不同：那些具有得体感的人，能够非常准确地感知并内化棘手的问题，认识到情况的严重性，因此能够轻松地应对情况。当然，即使有得体感，社交过程仍然可能出错。

什么是合理的？

正是社交中的这种风险，深深地动摇了现代晚期人对于安

全的需求。人们对于暴力、痛苦、死亡越是敏感，就越是希望
可靠地驱逐这些危险。一个社会越是敏感，对于保护性国家的
呼声就越强烈。

这给我们带来了一个基本的问题：在一个自由社会中，我
们必须要求他人做什么？我们不能要求他人做什么？我们的"过
于敏感"是否是不合理的？或者反过来说，诋毁和否认结构性
的苦难，将其归咎于个人的敏感性，是一种过分的做法吗？对
于这些问题，阿历克西·德·托克维尔给出了一个答案。

第十章

结　论

托克维尔悖论

社会越是平等，人们对剩余的不公正和相关的伤害就越敏感。这就是所谓的"托克维尔悖论"，一个由哲学家阿历克西·德·托克维尔（Alexis de Tocqueville）提出的社会学概念。早在 19 世纪上半叶，托克维尔在谈到美国的民主时就指出，生活条件和权利的日益平等化，导致人们对差异的敏感度增加。托克维尔是一位有法国贵族血统的哲学家，他在美国待了一年后，在其著作《论美国的民主》（*Democracy in America*，1835/1840）中写道：

> 由于每个人都看到自己与旁人的差异很小，他几乎不明白为什么适用于一个人的规则不应该同样适用于其他所有人。因此，他的理智即使对最轻微的特权也感到不满。即使是人民的政治体制中最小的差异都会冒犯到他。他认为立法时一视同仁是好政府的基本条件。

接着，托克维尔更加切中要害地写道：

特权越稀少、越微不足道，人们对于特权的憎恶反而越强烈。因此可以说，民主的激情之火在其燃料最少的时候，反而燃烧得最为炽烈。如果所有的社会条件都是不平等的，那么无论多么大的不平等都不会冒犯到看客的眼睛。相反地，当社会条件处处都平等时，极小的差异都会令人反感。社会平等越是全方位地取得进步，微小的不平等的景象就越令人难以忍受。

可想而知，托克维尔悖论可以用于我们的时代。不同的种族和性别在法律中的平等程度提升了，但同时，与 19 世纪相比，当代人对差异的敏感度也得到了相当程度的完善。问题是，随着社会条件的逐步平等化，是否可以达到"没有人感受到结构性歧视或伤害"的理想程度？或者反过来说，敏感性是否能增加到这些结构都消失的程度？不可否认的是，社会越来越平等是一种进步。但是，敏感性越高，实打实的歧视就越少，于是社会的发展（即我们正在经历的发展）在逻辑上就永远不会达到其目标，反而会不断产生新的不公正感。尖锐地说，每个被废除的结构都会产生新的结构，每个被废除的敏感性都会产生新的敏感性。我们是否正在经历人类历史的一个阶段的开始，而在这个阶段，敏感的自我迟早会绕着自身旋转[1]？

1　"绕着自身旋转"是指螺旋式上升（Spirale）的隐喻。"Spirale"在德文中表示一种矛盾运动，在这种矛盾运动中，两个因素的对抗导致整体的发展。此处，敏感的自我因为"个体的敏感性"和"社会的不公正"这两个因素的对抗而向更敏感的方向发展。

　　如果人们因为托克维尔的贵族背景而认为他是一个坚定的自由主义者，认为他只担心丧失自己的特权而对当时的不公正现象视而不见，那么就误解了托克维尔。同时，他也不屑于把对于社会压迫的合理愤慨当作单纯的敏感性来看待。相反地，托克维尔对大众权力有着敏锐的洞察力。托克维尔认为，这种权力可以堕落为暴政，甚至能够破坏大众自身被赋予的权利。托克维尔在书中一个脚注处记载了一件事。

　　一次，托克维尔问某个"宾夕法尼亚州的公民"："为什么在一个由贵格会教徒[1]建立的、以宽容著称的州里，黑人尽管也缴了税，却没有投票权？"这位美国公民回答："请不要用这种错误的假设来侮辱我们，我们的立法者不会做出这种不公正和不宽容的恶劣行为。"托克维尔又问："那么黑人在你们州有选举权吗？"这位公民回答："当然，毫无疑问。"托克维尔接着问："但是，为什么今天早上选举时没有一个黑人来投票？"这位公民回答："这不是法律的错，'黑人'已经有了投票权，但他们自愿不去投票点。"托克维尔说："那么他们还真是谦让啊！"这位公民说："哦，倒不是他们拒绝去投票，而是他们害怕被虐待。因为我们这儿有时某项法律不能奏效，因为大多数人不支持这项法律。"而且，这

---

1 贵格会（Quakers），又称教友会、公谊会，是基督教新教的一个派别。曾有大量贵格会教徒定居于美国宾夕法尼亚州，该州首府费城（Philadelphia）的别称为"贵格会教徒之城"（Quaker City）。

位公民还补充道："多数人对黑人有极大的偏见，司法机关无法保证黑人享有立法机关赋予他们的权利。"托克维尔问："为何？有特权制定法律的多数人，也想享有不遵守法律的特权？"

人人拥有平等的权利，并不意味着人人都可以平等地行使这些权利，或平等地受到这些权利的保护。托克维尔在 1835 年提出的这一见解，至今仍然具有现实性和紧迫性。如今，在美国的许多州，少数族裔在行使选举权时，仍然会遭受超乎寻常的歧视（例如，贫困地区的投票站被关闭；少数族裔政党想进入议会，却被选举法规定的选票比例障碍阻拦；等等）。

结构与个人

托克维尔给我们的启示是，我们要敏锐地感知以下两方面：一方面，尽管弱势群体与特权群体在法律上是权利平等的，但我们要清楚地认识到弱势群体所受到的结构性歧视，并为相关的现象正名[1]；另一方面，要看到有一种自我持续的敏感性的矛盾运动——正因为社会越来越平等，敏感性反而越来越被点燃。

但这种矛盾运动究竟是怎样的？托克维尔在描述这种矛盾运动时，所用的表述是"微不足道的特权"和"极小的差

---

1 在"政治正确"的理论中，"正名"是进行政治斗争的首要步骤。

异"。于是，人们立即感觉到这一点是多么棘手，毕竟，它触及了本书开篇提出的问题：什么时候社会必须因其不公正的结构而改变？什么时候个人必须因为自己未能好好地利用属于自己的机会而继续努力奋斗？我们是要采用由法律规定的女性配额（Frauenquote）[1]，还是要顶着压力和阻力，鼓励女性去实现她们的愿望，并增强她们的能力？

如今，在许多情况下，社会责任和个人责任之间的界限难以划清。相反地，一个社会越是注重机会平等，这一界限就越是变动的，从而也就淡化了特权的概念。这是否是因为：特权在哪里结束，个人奋斗就从哪里开始？

让我们把托克维尔关于"令人嫉妒的旁人"的例子移用到当下：如果某位"女旁人"（Nachbarin）在职业上更成功，并能更多地按照自己的愿望和想法来安排生活，这可能是由于实打实的社会地位优势。例如，她可能出身自上层社会，这种背景给了她回旋的余地，并使她倾向于更自信地置身于世界之中。但或许这个"女旁人"也克服了巨大的外在和内在阻力。她可能与强大的女性刻板印象做过斗争。这种女性刻板印象往往使女性在生完第一个孩子后，像被施了魔法一样消隐在私人领域之中。[2] 她可能多次经历过性别歧视的情况，但没有被吓倒。这个"女旁人"可能通过心理治疗治愈了自己的童年创伤，从而获

1　详见知识背景 10。
2　指许多女性在生完第一个孩子后，就辞职成了家庭主妇，或者不再追求事业上的进取。

得了心理上的稳定。然而，她自己却可能从未鼓起勇气进行这样全面的分析，而是把所有责任都归咎于社会，归咎于社会的父权制结构。尖锐地说，把对差异的敏感归咎于不公平的"社会结构"，也可能是一种转移注意力的手法。更尖锐地说，并非所有的不平等都受到社会的不公正和某些群体的特权的影响，有一些不平等之所以形成，是由于某些人积极奋斗，而另一些人消极懈怠。

一个极端的平等主义者自然会反对这一点，他问道："个人奋斗"究竟是什么？个人奋斗不也能成为特权吗？也就是说，个人天赋（Gabe），正如这个词所言，是被给予的（gegeben），即来自外部，而非来自个人本身。从这个角度来看，体力或智力在严格意义上并不是个人成就（Eigenleistung）。从极端的平等主义观点来看，根据成就来决定地位的社会制度（Leistungsgesellschaft）必然是不公正的，因为这种制度是基于一个人拥有而另一个人缺乏的能力。是的，的确如此。相信成就和成功纯粹源于自身的努力，而不是由于偶然性（例如基因、外表、出生地等），那简直是太天真了！

但反过来思考又会得到什么结论呢？如果我们不用个人成就来决定社会地位，那么我们是否不再能指望个人，而只能去指望社会？这一结论，同样以危险的方式把社会变得无能（entmündigend）和幼稚（infantilisierend），甚至把社会部分地引向极权。这样一来，社会结构将不再由能够凭自己的力量而改变它的个人组成，而是将被预先给定和规定好，社会结构中的人只不过是链条上的环节。关于"平等与公正、社会与个人"

的问题，研究"公正"的理论家约翰·罗尔斯[1]找到了迄今为止最聪明的解答。罗尔斯的解答，简单来说就是，只有当不平等有利于整个社会时才是公正的。用效益主义（Utilitarismus）的话来说，最高原则是让尽可能多的人过得幸福。具体而言，这意味着致富不得以牺牲他人利益为代价，而那些收入高于他人的人，必须对社会公益做出更多贡献。

现在让我们继续谈上文提到的"女旁人"，她通过奋斗和韧性找到了自己的幸福生活。我们谈论"她的能力"时，当然不限于她个人可利用的范围。将最困难的断裂和障碍转化为能量，对于一些人来说比较容易，对于另一些人来说则比较困难，这可能是因为一些人的天赋更高。一个关注公正的社会，只能从这种多样性中得出一个结论：这个社会应该更加努力地帮助尽可能多的人获得这种力量。然而，脆弱性是一种生活结构（Daseinsstruktur），它与真实的伤害经历一样，对于人类生存而言是不可或缺的。即使一个社会非常公正，它也永远无法完全保护我们免受命运的打击或所有形式的暴力（只要我们还想生活在自由之中的话）。

和公正一样，不平等也不会消失，因为人们生而不同。有些人可以怀孕，而有些人可以造出孩子，这还只是诸多例子中的一个。但社会可以避免这种不平等导致的不公正。例如，社

1　约翰·罗尔斯（John Rawls，1921—2002），美国政治哲学家、伦理学家，20世纪英语世界最著名的政治哲学家之一。著有《正义论》《政治自由主义》《作为公平的正义》《万民法》等。

会应当防止因怀孕导致的缺勤对于女性职业发展造成不利影响。此外，社会还应当增强个人的能力，使他们了解如何利用社会提供的机会（如果他们愿意的话）。然而，社会不能也不应该代替个人来做事。一个人必须自己采取行动，为自己的生活承担责任，这是不可避免的。如果他不这样做，他就仍然是一个孩子。

看待社会敏感化进程的双重视角

在这本书中，我试图借助托克维尔的观点，从两方面来看待社会敏感化进程。事实表明，对现有不平等现象的敏感化，在许多方面推动了文明的进步和争取弱势群体权利的斗争。正是因为人们与弱势群体共情，尽可能地置身于他们的处境，声援他们并鼓起他们的勇气，这样的受害者才得到承认，女性才与男性在法律上取得平权，同性恋者才与异性恋者在法律上取得平权，"黑人的命也是命"这样的世界性运动才可能出现。

敏感性文学通过使广大受众对不同的观点产生敏感的认识，助力性解放的社会斗争。通过塞缪尔·理查森和让－雅克·卢梭小说中虚构的第一人称视角，广大读者首次体验到女性的命运。[1] 实际上，对讲述的高度评价[2]决定性地推动了敏感化进程，

1　尽管我在第七章中分析了这些男作家视角中固有的与其描写的女性角色之间的矛盾。——作者注

2　详见第五章。

这见于 19 世纪末 20 世纪初的心理治疗实践。在西格蒙德·弗洛伊德的沙发上，战争受害者赋予了创伤一种语言。大约在同一时间，人们对符号系统本身有了敏感的认识。根据语言学转向的认识，符号系统并不是简单地描述世界，而是将世界构筑为有等级秩序的结构。后来，后结构主义的话语和符号理论，精确地指出了语言由于其行事性力量，在多大程度上具有毁灭的暴力潜能。

因此，轻蔑地将当代人的语言敏感性归结于过于敏感的"Mimimi"[1]，显然是挖掘得太浅了。相反地，这种敏感性源于思想史上的一个长期传统：把思维、"自我与世界的关系"不可分割地和语言（以及把"不能说的东西"变为"可以说的东西"的转变）联系起来。受害者们公开自身所经历的痛苦，勇敢地表达，可以使自身的痛苦成为共同的、公认的痛苦，进而让社会发生转变。在这方面，推动变革进程的正是受影响者自身，而不是其代言者。受影响者通过发出自己的声音，使人们广泛地、尖锐地认识到不公正的社会现实。

但敏感性并不等同于进步性。相反地，把敏感性美化和绝对化，则会使其成为退步性。因此，本书设定了一个目标，那就是要同时探讨敏感性的正面和反面。共情不仅可以防止暴力，也可以鼓励暴力，这属于敏感性的深层次矛盾。共情还不是道德，

---

1 "Mimimi"是德语社交网络中的用语，当某人发了一通无谓的牢骚后，对此表示厌烦的人会说"Mimimi"，意思是"不要过度敏感，不要大惊小怪"。

休谟和卢梭的"人生而有善良的敏感性"的信念，被萨德巧妙地颠覆了。

20世纪70年代以来，创伤概念的扩大和这一概念通货膨胀式的传播，决定性地造成了敏感化进程向"归咎于外部"的方向倾斜。越来越多的人向外部寻找痛苦的原因，他们认为外部条件是不合理的，而敏感的主体必须得到保护。虽然弗洛伊德的分析基于史前的生存冲动，力图使受害者在解决创伤的过程中摆脱外部原因造成的无力感，但由于他的思路片面地固定在创伤后应激障碍的病征上，他忽视了去动用人类在极度畏死的时刻释放出来的防御力量。

高度敏感的现象可以被解读为一个过程的高潮，这个过程将受影响者引导到安全区域，保护他们免受过度刺激。当人们形成过于显著的敏感性时，就很难一起进行政治行动和讨论。语言系统如果要平等地表示每一种性别认同，就会丧失其约束力。普遍的逻辑正在被独异的逻辑取代，这是敏感性增加的主要原因之一。按照罗伯特·普法勒的说法，通过摆脱形式，专注于真正的存在，"我们突然也感觉到自己皮肤上的其他人"。

形式的普遍约束力，并不是简单的疏离效果，而是本身蕴含着一种保护功能。在形式中，私人的、亲密的东西被隐去，相应地，受伤的风险也减小了。在这一背景下，我们也可以用不同的观点来看待阳性泛指：正是这个词在语法上与性别无关的特性，使它摆脱了理查德·桑内特所说的"亲密关系的暴政"（详见第一章），并为一种涵盖多种性别的、解放性的语言游戏提供了空间。当然，被边缘化的各群体，不管是否乐意，必须被统一命名为一个群体，以便指出现有的不公正现象。但同样正确的是，一个公正的社会，要求人们不要局限于自身的特定利益。相反地，人们应当借助想象力，采用完全不同的视角来看待问题。正如罗尔斯的正义理论中著名的"无知之幕"（veil of ignorance）所言：如果我们甚至不知道自己属于哪个群体，会怎样呢？如果我们都处于一种原始状态，在这种状态下，智力等能力以及肤色、社会地位等特征尚未烙印在我们身上，因此我们无法预见我们将来会在整个结构中占据什么样的位置，那么会怎样？为了回答此问题，我们强迫自己去想象，作为一个男人、一个女人、一个跨性别者、一个黑人等，生活在某个社会中会是什么样子。做了这种想象之后，我们再为每个人都能拥有自己的权利而奋斗。

　　然而，如果我们回顾当代的讨论，会吃惊地发现，人们的见解恰好相反，即人们坚持明确的共情的限度。当然，没有人能够知道成为其他人是什么样子。实际情况是，那些没有遇到某些形式的歧视的人，往往缺乏置身于他人境地的意愿。但由此得出的结论将会是，只有黑人女性译者才能翻译黑人女性作家的作品，因为只有她与作者有着相同的经验世界。这简直是把从阿多诺到罗尔斯再到巴特勒所倡导的要求彻头彻尾地反过来了。阿多诺等人所倡导的是，强化"不同"，对抗"同一"；"黑人女性译者才能翻译"所代表的观点体现的是，相同、同一是好的，阿多诺所说的"本真性的行话"（Jargon der

Eigentlichkeit）是好的。[1] 相反地，差异则被认为是危险的。更令人震惊的是，各种机构，例如出版社、大学、媒体，都几乎毫无抵抗地屈服于这些趋势（即使是出于值得尊敬的动机）。

　　如果把敏感性绝对化，人类的形象就会出现问题。如果广泛地审查有冒犯性风险的词语（不考虑上下文就剔除这些词语），如果题材令人产生负面联想的展览无法举行，如果人们因发表了所谓的"冒犯性言论"而丢了工作，那么人的自由和自主性就处于危险之中。说得夸张一些，人或许会成为一个开放的伤口，这样的话，社会就不能让它暴露在任何感染的危险之中，要求机构和国家控制的呼声也相应地变得更高。这会导致另一个极端，我称之为"不合理的极端"。在这种极端中，一边是无知、反动的"政治正确"论战；另一边是敏感的自我，它期待着来自世界的各种保护，却不期待自主地去做什么。

新联盟

　　一方面，托克维尔预见性地呼吁社会中的多数群体意识到自己的特权，并加强对现有的不平等现象的认识（无论这些不平等多么细微）。如果真如托克维尔所指出的那样，社会越来

1　详见第七章关于"文化挪用"的讨论。"本真性的行话"，是阿多诺在其《本真性的行话》一书中提出的概念。阿多诺用此概念来批判海德格尔，说海德格尔总是自创一些哲学行话，并赋予这些行话貌似神圣而普遍的意义来迷惑读者，让读者相信社会现状是合理的。

越平等会滋生出越来越多的敏感性，那么一个社会要正常运转，就不能在避免冒犯的任务中耗尽。

　　另一方面，必须有针对性地加强韧性，这对于人们行使自主权至关重要。我所说的不是要将韧性绝对化，而是要在敏感化进程中锻炼它。这是本书的一个核心关注点：韧性（反抗力量）寓于艺术中，寓于人类的创造欲望中；韧性寓于语言泛指的失败中；韧性寓于文明进程本身蕴含的古老的史前史中；韧性寓于每个人的脆弱性中，它是一个有待发掘的宝藏。韧性不是敏感性的敌人，而是敏感性的姐妹。它们只能一起掌握未来。

致 谢

感谢莉阿·诺德曼（Lia Nordmann）帮我找来各种文献，感谢米夏埃尔·格布（Michael Gaeb）帮我联系克勒特－科塔（Klett-Cotta）出版社，感谢汤姆·克劳斯哈尔（Tom Kraushaar）的信任和宝贵意见，感谢萨布丽娜·凯姆（Sabrina Keim）作为一名敏感的（此处是最褒义意义上的）审稿人帮我审校。感谢我在《哲学杂志》（*Philosophie Magazin*）的同事多米尼克·埃哈德（Dominik Erhard）、尼尔斯·马尔克瓦尔特（Nils Markwardt）、特雷莎·朔温克（Theresa Schouwink），他们不断地给我提供灵感，并和我进行建设性的讨论，讨论中的许多见解都汇入了本书。

感谢伊丽莎白·芬克（Elisabeth Fink）与我进行深入而丰富的互动，并给予我强大的推动力，尤其在弗洛伊德的相关章节，她助我甚多。

　　感谢我的丈夫弗洛里安·维尔纳（Florian Werner）所做的一切。

　　把这本书献给我的继父卡尔斯延·范施瓦岑贝格（Carsjen van Schwartzenberg），他一直陪伴着我。

参考文献

Améry, Jean: Hitler und wir. Offener Brief an Sebastian Haffner. In: Merkur.
　　August 1978. Heft 363, S. 838–841.

Améry, Jean: Hand an sich legen. Diskurs über den Freitod. Stuttgart (Klett-Cotta)
　　2012.

Aron, Elaine N.: Sind Sie hochsensibel? Wie Sie ihre Empfindsamkeit erkennen,
　　verstehen und nutzen. Aus dem Amerikanischen von Cornelia Preuß.
　　München (mvgverlag) 2021.

Baasner, Frank: Sensibilité. In: Historisches Wörterbuch der Philosophie online.
　　Herausgegeben von Joachim Ritter u. a. Basel (Schwabe Verlag) 2017.

Böhme, Rebecca: Human Touch. Warum körperliche Nähe so wichtig ist.
　　Erkenntnisse aus Medizin und Forschung. München (C.H.Beck) 2019.

Böhme, Gernot: Die vierte hygienische Revolution? In: Philosophie Magazin. Nr.
　　3/2021, S. 16–19.

Bolz, Norbert: Avantgarde der Angst. Berlin (Matthes & Seitz) 2021.

Breithaupt, Fritz: Die dunklen Seiten der Empathie. Berlin (Suhrkamp) 2019.

Butler, Judith: Das Unbehagen der Geschlechter. Frankfurt am Main (Suhrkamp)
　　1991.

Butler, Judith: Haß spricht. Zur Politik des Performativen. Berlin (Berlin Verlag)
　　1998.

Butler, Judith: Körper von Gewicht. Die diskursiven Grenzen des Geschlechts.
　　Frankfurt am Main (Suhrkamp) 1998.

Butler, Judith: Verletzungen bilden gesellschaftliche Strukturen ab. In:
　　Philosophie Magazin. Nr.6/2021, S. 62–65.

Canetti, Elias: Masse und Macht. Frankfurt am Main/Wien (Büchergilde Gutenberg) 1978.

Dell' Eva, Gloria und Sandra Schmidt: Im falschen Körper? In: Philosophie Magazin. Nr. 6/2019, S. 36–43.

Derrida, Jacques: Die différance. In: Engelmann, Peter (Hrsg.): Postmoderne und Dekonstruktion. Texte französischer Philosophen der Gegenwart. Stuttgart (Reclam) 1997, S. 76–113.

Derrida, Jacques: Die Struktur, das Zeichen und das Spiel im Diskurs der Wissenschaften vom Menschen. In: Die Schrift und die Differenz. Frankfurt am Main (Suhrkamp) 1972, S. 422–442.

Edmonds, David und John Eidinow: Rousseaus Hund. Zwei Philosophen, ein Streit und das Ende aller Vernunft. Aus dem Englischen von Sonja Finck. München (DVA) 2008.

Eddo-Lodge, Reni: Warum ich nicht länger mit Weißen über Hautfarbe spreche. Aus dem Englischen von Anette Grube. Stuttgart (Tropen) 2020.

Elias, Norbert: Über den Prozeß der Zivilisation. Soziogenetische und psychogenetische Untersuchungen. 2 Bände. Frankfurt am Main (Suhrkamp) 1997.

Febvre, Lucien: Sensibilität und Geschichte. Zugänge zum Gefühlsleben früherer Epochen. In: Honegger, Claudia (Hrsg.): Schrift und Materie der Geschichte. Vorschläge zur systematischen Aneignung historischer Prozesse. Frankfurt am Main (Suhrkamp) 1977, S. 313–334.

Foucault, Michel: Überwachen und Strafen. Die Geburt des Gefängnisses. Frankfurt am Main (Suhrkamp) 1994.

Freud, Sigmund: Zeitgemäßes über Krieg und Tod. In: Studienausgabe. Herausgegeben von Alexander Mitscherlich u. a. Band 9: Fragen der Gesellschaft, Ursprünge der Religion. Frankfurt am Main (S. Fischer) 2000, S. 33–60.

Freud, Sigmund: Jenseits des Lustprinzips. In: Studienausgabe. Herausgegeben von Alexander Mitscherlich u. a. Band 3: Psychologie des Unbewussten. Frankfurt am Main (S. Fischer) 2000, S. 213–272.

Garcia, Tristan: Das intensive Leben. Eine moderne Obsession. Berlin

(Suhrkamp) 2017.

Goltermann, Svenja: Opfer. Die Wahrnehmung von Krieg und Gewalt in der Moderne. Frankfurt am Main (S. Fischer) 2017.

Grubner, Bernadette: Viruslust. In: Philosophie Magazin Nr. 04/2021. S. 62–65.

Harding, Sandra: Feministische Wissenschaftstheorie. Zum Verhältnis von Wissenschaft und sozialem Geschlecht. Aus dem Amerikanischen von Michael Haupt. Hamburg (Argument Verlag) 1991.

Hegel, Georg Wilhelm Friedrich: Phänomenologie des Geistes. In: Werke. Band 3. Frankfurt am Main (Suhrkamp) 1986.

Horkheimer, Max und Theodor W. Adorno: Dialektik der Aufklärung. Philosophische Fragmente. Frankfurt am Main (S. Fischer) 1997.

Hume, David: Ein Traktat über die menschliche Natur. Band 2. Übersetzt, mit Anmerkungen und Register versehen von Theodor Lipps. Hamburg (Felix Meiner Verlag) 1978.

Han, Byung-Chul: Palliativgesellschaft: Schmerz heute. Berlin (Matthes & Seitz) 2021.

Hunt, Lynn: Inventing Human Rights. A History. New York/London (W. W. Norton & Company) 2007.

Illouz, Eva: Die neue Liebesordnung. Frauen, Männer und Shades of Grey. Berlin (Suhrkamp) 2013.

Jünger, Ernst: Über den Schmerz. In: Sämtliche Werke. Band 7. Stuttgart (Klett-Cotta) 1980, S. 145–191.

Jünger, Ernst: In Stahlgewittern. Mit einem Nachwort von Helmuth Kiesel. Stuttgart (Klett-Cotta) 2014.

Jünger, Ernst: Der Kampf als inneres Erlebnis. In: Krieg als inneres Erlebnis. Herausgegeben von Helmuth Kiesel. Unter Mitarbeit von Friederike Tebben. Stuttgart (Klett-Cotta) 2016.

Lane, Christopher: Shyness. How Normal Behaviour Became a Sickness. New Haven & London (Yale University Press) 2007.

Laplanche, J., und J. B. Pontalis: Das Vokabular der Psychoanalyse. Frankfurt am Main (Suhrkamp) 1973.

Lethen, Helmut: Verhaltenslehren der Kälte. Lebensversuche zwischen den

Kriegen. Frankfurt am Main (Suhrkamp) 1994.

Lévinas, Emmanuel: Zwischen uns. Versuche über das Denken an den Anderen. Aus dem Französischen von Frank Miething. München/Wien (Carl Hanser Verlag) 1995.

Lévinas, Emmanuel: Jenseits des Seins oder anders als Sein geschieht. Aus dem Französischen von Thomas Wiemer. Freiburg/München (Verlag Karl Alber) 2011.

Liebsch, Burkhard: Menschliche Sensibilität. Inspiration und Überforderung. Weilerswist (Velbrück Wissenschaft) 2008.

Liebsch, Burkhard: Ästhetisch, ethisch und politisch sensibilisierte Vernunft? Einleitung in historischer Perspektive. In: ders. (Hrsg.): Sensibilität der Gegenwart. Wahrnehmung, Ethik und politische Sensibilisierung im Kontext westlicher Gewaltgeschichte. Hamburg (Felix Meiner Verlag) 2018, S. 13–38.

Malka, Salomon: Emmanuel Lévinas. Eine Biographie. Aus dem Französischen von Frank Miething. München (C.H.Beck) 2003.

Nagel, Thomas: What Is It Like to Be a Bat? Wie ist es, eine Fledermaus zu sein? Englisch/Deutsch. Übersetzt und herausgegeben von Ulrich Diehl. Stuttgart (Reclam) 2016.

Nietzsche, Friedrich: Unzeitgemäße Betrachtungen. Zweites Stück: Vom Nutzen und Nachtheil der Historie für das Leben. In: Kritische Studienausgabe. Herausgegeben von Giorgio Colli und Mazzino Montinari. Band 1. München (de Gruyter) 1999, S. 243–334.

Nietzsche, Friedrich: Menschliches, Allzumenschliches. Kritische Studienausgabe. Herausgegeben von Giorgio Colli und Mazzino Montinari. Band 2. München (de Gruyter) 1999.

Nietzsche, Friedrich: Also sprach Zarathustra. In: Kritische Studienausgabe. Herausgegeben von Giorgio Colli und Mazzino Montinari. Band 4. Berlin/ New York (de Gruyter) 1999.

Nietzsche, Friedrich: Zur Genealogie der Moral. In: Kritische Studienausgabe. Herausgegeben von Giorgio Colli und Mazzino Montinari. Band 5. Berlin/ New York (de Gruyter) 1999, S. 245–412.

Nietzsche, Friedrich: Jenseits von Gut und Böse. In: Kritische Studienausgabe. Herausgegeben von Giorgio Colli und Mazzino Montinari. Band 5. Berlin/ New York (de Gruyter) 1999, S. 9–244.

Nietzsche, Friedrich: Ecce Homo. In: Kritische Studienausgabe. Herausgegeben von Giorgio Colli und Mazzino Montinari. Band 6. Berlin/New York (de Gruyter, 2011, S. 255–376.

Pfaller, Robert: Die blitzenden Waffen. Über die Macht der Form. Frankfurt am Main (S. Fischer) 2020.

Pinker, Steven: Gewalt. Eine neue Geschichte der Menschheit. Frankfurt am Main (S. Fischer) 2011.

Plessner, Helmuth: Grenzen der Gemeinschaft. Eine Kritik des sozialen Radikalismus. Frankfurt am Main (Suhrkamp) 2002.

Prideaux, Sue: Ich bin Dynamit. Das Leben des Friedrich Nietzsche. Stuttgart (Klett-Cotta) 2020.

Rawls, John: Eine Theorie der Gerechtigkeit. Frankfurt (Suhrkamp) 1975.

Reckwitz, Andreas: Die Gesellschaft der Singularitäten. Zum Strukturwandel der Moderne. Berlin (Suhrkamp) 2017.

Reckwitz, Andreas: Dialektik der Sensibilität. In: Philosophie Magazin. Nr. 6/2019, S. 56–61.

Reich, Wilhelm: Charakteranalyse. Köln (Kiepenheuer & Witsch) 2018.

Richardson, Samuel: Clarissa Harlowe. Aus dem Englischen übersetzt und bearbeitet von Ruth Schirmer. Zürich (Manesse Verlag) 1966.

Rosa, Hartmut: Resonanz. Eine Soziologie der Weltbeziehung. Berlin (Suhrkamp) 2016.

Rousseau, Jean-Jacques: Julie oder die neue Héloïse. Leipzig (Verlag Otto Wiegand) 1859.

Rousseau, Jean-Jacques: Abhandlung über den Ursprung und die Grundlagen der Ungleichheit unter den Menschen. Aus dem Französischen übersetzt und herausgegeben von Philipp Rippel. Stuttgart (Reclam) 2019.

Rousseau, Jean-Jacques: Rousseau richtet über Jean-Jacques. In: Jean-Jacques Rousseau. Schriften. Band 2. Herausgegeben von Henning Ritter. Frankfurt am Main (S. Fischer) 1988, S. 253–636.

Rousseau, Jean-Jacques: Émile oder Über die Erziehung. Paderborn (Ferdinand Schöningh) 1971.

Sade, D. A. F. de: Hundertzwanzig Tage von Sodom oder die Schule der Ausschweifung. Band 1. Leipzig 1909.

Sade, D. A. F. de: Justine und Juliette. 10 Bände. Herausgegeben und übersetzt von Stefan Zweifel und Michael Pfister. München 1990–2002.

Saussure, Ferdinand de: Grundfragen der allgemeinen Sprachwissenschaft. Berlin/Leipzig 1931.

Scheler, Max: Wesen und Formen der Sympathie. Studienausgabe. Herausgegeben von Manfred S. Frings. Bonn (Bouvier Verlag) 1985.

Scheller, Jörg: Wir brauchen eine Politik der Imagination (philomag.de/artikel/joerg-scheller-wir-brauchen-eine-politik-der-imaginaton).

Schlink, Bernhard und Susanne Schmetkamp: Die Grenzen der Einfühlung. In: Philosophie Magazin. Nr. 2/2021, S. 32–37.

Schmetkamp, Susanne: Theorien der Empathie zur Einführung. Hamburg (Junius) 2019.

Schopenhauer, Arthur: Die Welt als Wille und Vorstellung. Textkritisch bearbeitet und herausgegeben von Wolfgang Freiherr von Löhneysen. Erster Band. Frankfurt am Main/Leipzig (Insel Verlag) 1996.

Schouwink, Theresa: Lässt sich Liebe regeln? In: Philosophie Magazin. Nr. 6/2019, S. 28.

Schwilk, Heimo: Ernst Jünger. Ein Jahrhundertleben. Stuttgart (Klett-Cotta) 2014.

Sennett, Richard: Verfall und Ende des öffentlichen Lebens. Die Tyrannei der Intimität. Frankfurt am Main (S. Fischer) 2004.

Simmel, Georg: Die Großstädte und das Geistesleben. Frankfurt am Main (Suhrkamp) 2006.

Stegemann, Bernd: Die Öffentlichkeit und ihre Feinde. Stuttgart (Klett-Cotta) 2021.

Taleb, Nassim Nicholas: Antifragilität. Anleitung für eine Welt, die wir nicht verstehen. Aus dem Englischen von Susanne Held. München (Knaus) 2013.

Thadden, Elisabeth von: Die berührungslose Gesellschaft. München (C.H.Beck)

2018.

Theweleit, Klaus: Männerphantasien. Vollständige und um ein Nachwort erweiterte Neuausgabe. Berlin (Matthes & Seitz) 2020.

Thomas, Donald: Marquis de Sade. Die große Biographie. München (Blanvalet) 1976.

Tocqueville, Alexis de: Über die Demokratie in Amerika. Ausgewählt und herausgegeben von J. P. Mayer. Stuttgart (Reclam) 2020.

Valéry, Paul: Bilanz der Intelligenz. In: Werke. Band 7: Zeitgeschichte und Politik. Frankfurt am Main (Insel) 1995, S. 105–134.

译名对照表

知识背景

1. 阳性泛指、性别平等的语言与性别改写

德文中的名词都有词性，词性分为阴性、阳性、中性，例如，"桌子"（Tisch）是阳性的，"工作"（Arbeit）是阴性的，"目标"（Ziel）是中性的。涉及生物时，词性的阴阳和生物的性别有关，但并不完全对应，例如，"公牛"（Stier）是阳性的，"母猪"（Sau）是阴性的，但"女孩"（Mädchen）是中性的。

涉及人的职业、角色时，德文对于男性和女性有不同的说法。例如，德文称男总理为 Kanzler，称女总理为 Kanzlerin。这一点与中文和英文很不相同，中文的"总理"和英文的"chancellor"都是对职位的称呼，本身不含性别意义。按照传统的德文习惯，想要指称从事某个职业的一个人或一些人而不谈性别时，要用阳性形式，例如：

例 1

德文：Alle Lehrer wollen guten Unterricht machen.

字面翻译：所有 教师 都想 把课上好。

在以上例子中，德文与其中文解释是一一对应的，例如，"Lehrer"对应"教师"。然而，在传统的德文中，"Lehrer"是有歧义的，人们既可以抛开性别将其理解为"全体教师，不分男女"，又可以将其理解为"仅包括男教师"。按照后一种理解，句意就变成了"所有男教师都想把课上好"，言下之意就是"女教师没有这种志向"。虽然很少有人会这样理解，但一些女性主义语言学家用实验数据证明，当女性看到例 1 这样的德文表述时，内心浮现出的教师形象是男性的，同时也或多或少地有"自己未被包括在内"的感觉。

在某些情况下，这种"女性未被包括在内"的感受，会实实在在地影响到女性的权益，例如在招聘程序员的场合，公司可能会在招聘文案中写"Programmierer gesucht"（意思是"招聘程序员"，但也可以理解为"招聘男程序员"），女程序员看了这个文案后会觉得自己不适合来求职此岗位。

这种传统的"用阳性形式来代表整个人群"的表述方式，在德文语言学中被称为"阳性泛指"（Generisches Maskulinum）。随着社会中女性地位的提高，以及 20 世纪 70 年代以后女性主义语言学思想的传播，"阳性泛指"遭到批判，并被认为是过时的、男性主义的用法。

为了改善女性在德文的职业和角色称谓中缺乏存在感的状况，女性主义语言学家提倡用"性别平等的语言"（gendergerechte Sprache）取代阳性泛指。"性别平等的语言"是一系列改写方式的统称，其中较为常见的几种如下。

例 2　同时列出

德文：Lehrerinnen und Lehrer

字面翻译：女教师们 和 男教师们

注：这种改写方式一般把女性置于男性之前。

例 3　词中大写（Binnen-I）

德文：LehrerInnen

字面翻译：女教师们和男教师们

注：这种改写方式打破了德文名词仅首字母大写的惯例，Innen 处的 I 为大写，且此词的读法与小写形式 Lehrerinnen（女教师们）也不同，在 Innen 前有一个停顿。

例 4　性别小星号（Gendersternchen）

德文：Lehrer*innen

字面翻译：女教师们和男教师们

注：这种改写方式来自计算机中的通配符。早在性别平等的语言成为社会热议话题前，在语料库语言学检索中，人们就用 Lehrer* 来检索包括 Lehrer（男教师）、Lehrerin（女教师）、

Lehrerinnen（女教师们）在内的"教师"一词的各种词形。同词中大写一样，这种形式在朗读时也需要在 Innen 前停顿。

例 5   性别下画线（Gender-Gap）

德文：Lehrer_innen

字面翻译：女教师们和男教师们

注：与性别小星号意义类似，朗读时也须停顿。

近年来，"性别平等的语言"已经从一种女性主义语言学家推广的文风，逐步演变为全体德国人都要遵守的新语法。

除女性外，性少数群体也要求在写法中体现他们的存在。

例 6

德文：Programmierer（m/w/d）

字面翻译：程序员（男性/女性/其他各种性别）

注：m 是 männlich（男性的）的首字母缩写，w 是 weiblich（女性的）的首字母缩写，d 是 divers（各种不同的）的首字母缩写。跨性别者等性少数群体均归类到 divers 中。

使用性别平等的语言来取代阳性泛指，被称为性别改写（gendern）。虽然西方国家的学术界推崇性别改写，但性别改写也有大量的反对者，常见的反对意见有：

（1）性别改写混淆了语法中的性和现实中的男女性别。德文中有"女孩"（Mädchen）为中性等例子来证明语法中的性与生物性别不是一一对应的。

（2）性别改写是冗长的。同时列出女性和男性的形式 Lehrerinnen und Lehrer 比阳性泛指形式 Lehrer，多出 14 个字母。当"教师"一词在上下文中多次出现时，就会非常噘唆。

（3）性别改写转移了注意力，有时候会造成歧义。许多时候上下文并不强调性别，例如"教师不应该辱骂学生"，性别改写后为"女教师和男教师不应该辱骂女学生和男学生"，听者会理解为"教师不应该在性话题方面贬损学生"。

（4）性别改写破坏了语言的美感。与阳性泛指的简洁相比，性别改写的冗长更无美感。同时，Lehrer_innen 等形式在朗读时要在 i 处停顿，中断了原本连贯的语言。在诗歌等追求简洁的美感的文体中很难运用性别改写。

（5）性别改写是对男性的反向歧视。许多男性认为，LehrerInnen 等形式是阴性泛指，刻意淡化了男性的存在，因为 LehrerInnen 与"女教师"（Lehrerinnen）的形式只差一个字母的大写。

（6）性别改写是纯粹的形式主义。一些批评者认为，女性主义者应去关注更实际的女性权益问题，而不是在称谓等领域做形式主义的工作。这些批评者认为，"女性未被代表的原因"在于社会现实而非语言表述，例如读者在读到"程序员"（Programmierer）一词时，会首先想到男性，是因为在该行业从业者中男性占大多数的社会现实。同样地，"程序员"一词也令人们首先想到白人、东亚人、印度人，而非黑人，因为在从业者中前三个人种占比较高，此时完全看不到语言表述对人们想象的影响。

（7）性别改写使得大量经典文本要被改写，这需要花费大量时间、精力、金钱。

（8）性别改写是不民主、不自由的。性别改写最早是由学术界的女性发起的，其反对者认为把这一小部分人的偏好变成全民必须遵守的法则，必须经过全民投票。如果未经投票就强行推广性别改写，是不民主的，也剥夺了仍然坚持旧习惯的人自由运用母语的权利。

主要基于以上论点，反对性别改写的人（尤其是德国选择党成员）称性别改写为"性别魔怔"（Genderwahn）。

截至本书翻译时，德国已有相当多的教科书和政府部门公告采用"性别改写"。按此趋势发展，随着批判性别改写的老一代人退出历史舞台，成长于性别改写语境的新一代成为社会中坚力量，"性别改写"有很大可能性会成为德文的一种正式的语法。

2．多种性别

自 20 世纪六七十年代女性主义运动兴起以来，性别被区分为生理性别（Sex）和社会性别（Gender）。生理性别主要分为男性和女性，而社会性别则有多种。对于性别的数量有多种不同的说法，译者在此列举几种本书作者提到的性别划分方式。

男女性别二分法

这种看法不承认社会性别（Gender）是性别，或认为 Gender 和 Sex 是同义词，只认可男性和女性两种性别。例如，德国选择党目前主张这种看法，并拒绝任何形式的性别研究。

男性／女性／其他各种性别

这种看法承认男性、女性之外的其他性别的存在，但不加细分。与这种看法相应的写法是 m/w/d。有时，divers 又被称为"第三性别"，"第三性别"不是某种性别，而是除男女之外的所有其他性别的总称。

男性／女性／LGBT

这种看法把男性、女性之外的其他性别缩写为 LGBT（L：Lesbian，女同性恋者；G：Gay，男同性恋者；B：Bisexual，双性恋者；T：Transgender，跨性别者）。LGBT 还可替换为更长的表示方法，例如，一种德国写法是 LSBTIQ+ [L、B、T 与前述意义相同。S：Schwule，男同性恋者；I：Intersex，生理方面雌雄同体的人；Q：Questioning，正在找寻自身的性别认同的人（也有人将缩写 Q 解释为 Queer）；最后的加号表示为将来更多种类的性别留下空间]。

50 种以上的社会性别

这种看法认为社会性别有 50 种以上，具体数字有不同的说法。脸书在 2014 年推出了供用户在至少 58 种社会性别中自选的功能，这些社会性别包括（以下为英文，不再一一翻译）：Agender、Androgyne、Androgynous、Bigender、Cis、Cisgender、Cis Female、Cis Male、Cis Man、Cis Woman、Cisgender Female、Cisgender Male、Cisgender Man、Cisgender Woman、Female to Male、FTM、Gender Fluid、Gender Nonconforming、Gender Questioning、Gender Variant、Genderqueer、Intersex、Male to Female、MTF、Neither、Neutrois、Non-binary、Other、Pangender、Trans、Trans*、Trans Female、Trans* Female、Trans Male、Trans* Male、Trans Man、Trans* Man、Trans Person、Trans* Person、Trans Woman、Trans* Woman、Transfeminine、Transgender、Transgender Female、Transgender Male、Transgender Man、Transgender Person、Transgender Woman、Transmasculine、Transsexual、Transsexual Female、Transsexual Male、Transsexual Man、Transsexual Person、Transsexual Woman、Two-Spirit。

在西方，性少数群体普遍认为正确地命名是开展斗争的第一步，因此热衷于提出各类性别称谓。对于划分多种社会性别，亦不乏反对者。2019 年，德国选择党政客斯特芬·昆尼格（Steffen Königer）在勃兰登堡议会上，以"……尊敬的泛性别者、尊敬的女跨男跨性别者、尊敬的男跨女跨性别者……"的称谓，完整地念完了一份社会性别列表，整整占用了 2 分钟时间，以显示多种社会性别造成的问题。

3．有毒的男性气质

"有毒的男性气质"（toxic masculinity），一个源自 20 世纪
80 年代美国的性别研究，并逐渐在美国和西欧的女性权利和同
性恋者权利运动中流行的概念。此概念缺乏准确定义，最常见
的一种理解是，"有毒的男性气质"指男性气质中有害的方面，
主要包括暴力、支配性、进攻性、厌女、恐同等，而"勇敢"
等好的男性气质，并不在其列。

提出此概念的初衷是将男性气质中阻碍社会进步的成分分
化出来，让男性和女性共同认识到其害处，并共同努力与之做
斗争。然而，也有人用它来否定所有的男性品质，或用作对部
分或全体男性的贬称。该词类似中文流行词"直男癌"，但更加
正式，批判性也更强。

与"有毒的男性气质"相关的一个词是"老白男"，指老一代、
白人、男性，是反"政治正确"的化身。"老白男"群体通常反
对优待有色人种，反对审查冒犯性言论，反对性解放和各种扩
大女性与同性恋者权利的运动。

4．#MeToo

#MeToo 是哈维·韦恩斯坦（Harvey Weinstein）性侵事件
后在社交媒体上广泛传播的一个反性侵的主题标签。韦恩斯坦
是美国好莱坞电影大亨，曾参与《低俗小说》（*Pulp Fiction*）、《性、

谎言和录像带》（*Sex，Lies，and Videotape*）等著名电影的制作，并获得过奥斯卡奖。2017 年 10 月，《纽约时报》和《纽约客》报道了数十名女性声称遭到韦恩斯坦性侵。其后，陆续有约 70 名女性声称曾遭韦恩斯坦性侵或性骚扰，其中包括多位著名女演员。美国演员艾莉莎·米兰诺（Alyssa Milano）也是遭受性侵的女性之一，她在社交媒体上鼓励遭受性侵或性骚扰的女性公开自己的经历（而非因为羞耻而长期隐瞒），并带上 #MeToo 主题标签。

在此之前，早在 2006 年，美国黑人女性运动家塔勒纳·伯克（Tarana Burke）就使用过 Metoo 的概念，并帮助受侵害的女性发声，但直到米兰诺提倡在社交媒体中带上 #MeToo 标签，这一概念才广为人知。

#MeToo 运动声势浩大，是当代西方社交网络（例如，脸书、推特、Instagram）建立以来最大规模的运动之一，涉及媒体、教育、宗教、运动、色情业等多个领域，传播到全球多个国家和地区，在声援的对象上也扩展到同性恋者、跨性别者等人群。

随着 #MeToo 运动的发展，也产生了一些批评的声音。例如，有一些经历是虚构的，然而网民未对此进行核实，就对所谓的"施害者"进行了网络暴力攻击。还有一些人指责 #MeToo 运动中分享的受害经历可能会触发其他受害者的创伤后遗症。

5. 主题标签

主题标签（Hashtag），是社交媒体上起到话题聚类功能的

符号。例如，在推特中，人们发送一条推文时可加上 #MeToo
主题标签。浏览者点击 #MeToo 主题标签就能查看到最近在这
一标签下的其他推文。使用主题标签能够增强社交媒体上内容
的传播效率，也能帮助用户找到志同道合者。网民通过短期内
扎堆在某主题标签下发布内容，可以让某话题进入热搜，成为
社会舆论的焦点。社交平台的推送算法也会依据主题标签来进
行推送。

本书中所说"声援"和"团结"（Solidarität，其动词形式
为 solidarisieren），常常指网民们通过给自己发布的内容加上某
个主题标签，表达自己赞同某个主张，与某个群体休戚与共。

6．#Aufschrei

#Aufschrei（惊叫）是 2013 年在推特上流行的一个反性骚
扰的主题标签。

2012 年，德国自由民主党（FDP）为 2013 年联邦政府选举
而提名的候选人赖纳·布吕德勒（Rainer Brüderle）对记者劳
拉·希默尔赖希（Laura Himmelreich）说："您或许能撑满一件
Dirndl。"（Sie könnten ein Dirndl auch ausfüllen.）Dirndl 是一
种巴伐利亚少女服饰，带有围裙，布吕德勒所指的是有挤胸效
果的那一种，"撑满一件 Dirndl"是说希默尔赖希的胸部饱满，
是一种言语性骚扰。

2013 年 1 月，希默尔赖希将此事曝光。之后，女性主义者

安妮·维措雷克（Anne Wizorek）在推特上建立了 #Aufschrei 主题标签，并鼓励女性在此主题标签下分享遭受性骚扰的经历。

7．"说不就是拒绝"和性刑法改革

2012 年 6 月，在德国互联网上，一段两名男子与女模特吉娜-莉萨·洛芬克（Gina-Lisa Lohfink）做爱的视频传播开来，视频中洛芬克频频说"不"但未被理睬。两周后，洛芬克控告这两名男子给自己下药，并未经自己同意强奸了自己。然而，法院判决洛芬克做了伪证，并判处罚金 24,000 欧元。法院的判决引发德国舆论哗然，网民纷纷聚集在主题标签 #Neinheißtnein（说不就是拒绝）之下，指责德国性刑法对施害者过于宽松，而对受害者保护不力。

2016 年 7 月 7 日，德国联邦议会通过的新法案扩大了认定性侵犯罪的范围。原先，受害女性通常要以瘀伤等证据证明性侵者有施暴行为，才能认定为性侵；法律修改后，仅凭受害者口头说"不"就能认定性侵犯罪。相关报道也把这一法律修正简称为"说不就是拒绝"。

8．性革命与性解放

性革命（Sexuelle Revolution）是 20 世纪 60 年代风靡西方的左翼性观念解放运动等。如果从广义上理解性革命，即认为性革命一直延续至今，那么 20 世纪 90 年代后兴起的"破除对同性性行为的禁忌"等也属于性革命的主张。

性革命受到弗洛伊德的性心理分析、威廉·赖希（Wilhelm Reich）的《性革命》（*Die sexuelle Revolution*）、赫伯特·马尔库塞（Herbert Marcuse）的《爱欲与文明》（*Eros and Civilization*）等学术研究的影响，还受到文学作品如福楼拜的小说《包法利夫人》、托尔斯泰的小说《安娜·卡列尼娜》以及"垮掉的一代"文学的影响。在政治背景方面，性革命发生在美苏冷战和越南战争的紧张氛围中，性革命的支持者以性爱来反对战争，例如性革命中有著名的反战口号："要做爱，不要作战"（Make love, not war）。在德国，性革命还与 1968 年学生运动有着密切的关系。此外，性病治疗技术、避孕技术、堕胎技术的发展，也大力推动了性革命。

"性解放"（Emanzipation）的概念与性革命密切相关。从词源来看，"Emanzipation"的本义是"解放"，与性别无关，最早是指奴隶获得自由。后来，此词在马克思主义理论中，有了"无产者的解放"的含义，有时特指妇女解放。之后，随着马克思主义在西方受到压制，此词的适用面局限到女性主义之中，专指女性争取与男性平权的运动。之后，随着西方 LGBT 运动的发展，此词的性解放含义不再局限于女性，而是扩大到同性恋者和跨性别者等群体。

根据女性主义所持立场的不同，"性解放"会有截然不同的含义。一些女性主义者认为，女性的性解放是从传统的贞操和家庭观念中解脱出来，在这个意义上，"性解放的"（emanzipiert）一词含有"性交自由"和"用性颠覆传统秩序"的意义，一些保守派因而也用此词来贬损持此观点的女性主义者，将其与"性放荡"等同起来。还有一些女性主义者使用"性解放"一词时带有"反对色情"和"反对性化女性"的意味，以此来反抗性侵和职场性骚扰。

9．绿党的恋童癖讨论

在绿党成立早期（20 世纪 80 年代），部分有恋童癖的党员与女性主义者和支持 LGBT 权利的群体团结在一起，参与过斗争。当时，人们认为恋童癖与恋物癖类似，只是一种小众性癖，在社会正统思想的压迫下，有恋童癖者也属于被边缘化的群体，是需要团结的对象。恋童癖运动的主要诉求是降低合法的性行为的年龄。

后来，随着绿党的影响日益增大，绿党越来越感受到恋童癖运动给自身带来的负面影响，例如，若干恋童癖运动支持者因性侵儿童入狱，因而逐渐疏远恋童癖运动。为此，绿党内部进行过数次讨论。最近的一次讨论在 2013 年，绿党对党内早期的恋童癖问题进行了清算，对当年的未成年受害者进行了赔偿。

本书第五章第四节提到与绿党的恋童癖讨论相关的情况，在此加以说明：2019 年，绿党女政客雷娜特·屈纳斯特控告脸书，指出脸书用户对她使用侮辱性语言，其中包括"Stück Scheiße"

（一坨屎）、"Schlampe"（邋遢的妇人，荡妇）、"Drecks-Fotze"（粪便，阴道）。在这一节，本书作者叙述时隐去了后面带有厌女症色彩的詈语。这些脸书用户辱骂屈纳斯特的原因是：1986年，在柏林市议会，屈纳斯特在绿党关于恋童癖问题的讨论中，说了"……当然，条件是没有使用暴力"（Komma, wenn keine Gewalt im Spiel ist！）。这句话的语境是不清晰的，一名网民披露了此事并指出屈纳斯特的意思是"只要与儿童发生性行为时不使用暴力就行"。然而，屈纳斯特否认这一点，认为自己当时只是反对针对儿童的暴力，并不是指与儿童发生非暴力的性行为是合理的。柏林法院最终判决此次辱骂不构成侮辱。

10．女性配额

"女性配额"（Frauenquote）指在某一（高级）工作团体中，要求女性必须达到全部同事人数的比例。例如，在某公司高层，如果不引入"女性配额"，可能男性高管会占压倒性多数，如果规定"女性配额"为50%，则公司在选拔高管时会在男性和女性中分开选拔，从而达到女性人数至少占公司高层的50%的要求。自2016年以来，德国规定在德上市公司的监事会中女性配额为30%。

"女性配额"的支持者认为，这项举措能增强女性在决策层的话语权；其反对者则认为，这项规定破坏了公平竞争，并且拉低了决策层的总体水平，也损害了未实施"女性配额"前就足以凭借能力进入决策层的女性的声誉。

11．堕胎权与"支持生命"运动

在西方，受宗教和人口政策影响，堕胎被认为是谋杀胎儿的重罪，且与德国等国促进生育的政策相背。德国刑法第218条规定，堕胎在原则上是犯罪行为。妊娠在12周内，女性如需堕胎，需先找心理咨询机构开具证明。心理咨询机构总会劝女性放弃堕胎，且女性接受咨询后需度过3天思考期才能接受堕胎手术。只有医生才能为女性实施堕胎手术，女性不能私自用药物堕胎。妊娠超过12周后，仅当女性因性侵而怀孕或继续妊娠对母体会造成损害时，医生才能实施堕胎手术。违反以上规定的女性或医生，会面临刑事处罚。

此外，德国刑法第219a条曾规定，不允许投放堕胎广告。这项法律可追溯到德国纳粹刚掌权时的1933年。在本书作者写作此书时，德国尚在讨论废除这项法律。2022年3月9日，这项法律被废除。

争取女性堕胎权是西方女性主义运动的重要诉求之一。女性主义者认为，孕育是在女性体内进行的，女性应有对自己身体的处置权。此外，女性主义者还认为，意外怀孕是女性的苦难，而男性是这种苦难的罪魁祸首，因此男性应被禁止参与关于堕胎的讨论。而反对者则认为，首先，胎儿是一个新生命，堕胎是扼杀了新生命；其次，把堕胎权完全交给女性，意味着胎儿的父亲在妊娠时没有任何权利；最后，堕胎不利于提升西方社会的生育率。

"支持生命"（Pro-Life）运动是一项反堕胎运动，于20世纪70年代兴起于美国。20世纪90年代后，该运动也反对安乐死、克隆人、产前性别检查、基因编辑、干细胞研究等。与之相反的支持堕胎的运动被称为"支持选择"（Pro-Choice）。

12．认同与"身份政治"

"Identität"还可以翻译为"身份""同一性"。在译文中，通常用"认同"或"身份"来翻译Identität及其派生词如identifizieren、Identifikation等。

认同包括自我认同、性别认同、种族认同、阶级认同、宗教认同等。在西方，认同的最重要形式之一是命名（贴标签），当一个人为自己贴上"同性恋者"的标签时，他就是获得了同性恋者的认同；当一个黑人亲切地称另一个黑人为"Nigger"时，他就在强化一种黑人的认同。

"身份政治"（Identitätspolitik）是指将人群按性别、人种、民族、宗教、性取向划分开，并基于这种身份来开展政治活动。"身份政治"造成了社会撕裂，各群体通常只考虑自身的利益而难以团结。

13. "政治正确"

"政治正确"（英文为 political correctness，德语化形式为 politische Korrektheit）在德语中是一个英语外来词，有贬义。当今德国的"政治正确"概念主要受到自 20 世纪 80 年代从美国传入的"政治正确"的影响。如今，德语中狭义的"政治正确"指在语言方面遵守美国左翼价值观，避免使用冒犯"受压迫群体"的语言，代之以无冒犯性的、将受压迫群体纳入讨论的语言。广义的"政治正确"还包括语言之外的其他反歧视、反冒犯的形式上的要求，甚至可以用来代指整个西方左翼政治。

"政治正确"背后的美国左翼价值观，主要来自法兰克福学派对基督教、资本主义、权威、家庭、父权制、等级制度、道德、传统、性约束、爱国主义、民族主义等概念的批判。随着法兰克福学派成员因纳粹迫害而前往美国，这些左翼思想开始在美国知识界快速传播。美国民权运动和性革命也大力促进了这些思想的传播。美国的学术界和教育界，是传播这些左翼思想的阵地，也是最讲究"政治正确"的地方。本书作者在写作中处处都遵守了"政治正确"。

西方右翼则认为，"政治正确"是左翼极权主义的象征，威胁了言论自由。德国右翼还使用"Gutmensch"一词来指幼稚的、说教的、过度敏感的、缺乏认识世界真相能力的、极度注重"政治正确"的左翼人士，该词与我国网络流行语"白左"一词的意义较为相似。

14.《一九八四》和"新话"

乔治·奥威尔在《动物农场》（*Animal Farm*）和《一九八四》中以通俗的方式描述了极权主义，为西方人津津乐道。关于《一九八四》中的极权主义是影射左翼极权主义还是右翼极权主义，历来有许多争论。

"新话"（英语为 newspeak，德语为 Neusprech）是出自《一九八四》的典故。在《一九八四》中，"新话"是极权主义当局发明的一种以不断缩减词汇量、把意义相反的词语等同起来等方式钳制公民思想的意识形态驯化工具。"新话"限制了公民自由地使用语言，并破坏了语言的美感。西方的反"政治正确"人士，常用"新话"的典故来批判左翼的"政治正确"。

15．取消文化

取消文化（Cancel Culture）是一种源自美国的社群抵制行为，有贬义。"系统性抵制"（Systematischer Boykott）是取消文化的近义词，但通常无贬义或贬义更轻。

按照取消文化，当某人发表了违背"政治正确"的言论时，会遭到系统性的抵制和封杀。例如，《哈利·波特》（*Harry Potter*）系列图书的作者罗琳（J.K. Rowling）自 2019 年开始，发表了一些在某些跨性别者看来是"歧视跨性别者"的言论，遭到美国文艺界的全方位封杀。2020 年 6 月 6 日，罗琳在推特上引用了题为《为来月经的人创建一个更平等的新冠疫情后的世界》（"Creating a more equal post-COVID-19 world for people who menstruate"）的文章，并调侃说："来月经的人？我想一定曾有一个词来称呼这些人，有人能帮帮我吗？称为 Wumben？Wimpund？还是 Woomud？"罗琳的意思是，应当使用"女性"一词，而不应当使用"来月经的人"的表述。罗琳的这条推特被某些跨性别者认为是"恐跨"（恐惧和歧视跨性别者）的言论。随后，双方陷入激烈的舆论战中，美国文艺界大多站在支持跨性别者一边：《哈利·波特》的主演纷纷对罗琳表示谴责，在《哈利·波特》系列电影 20 周年重聚活动中，罗琳也未受邀请。甚至有激烈的取消文化的支持者在社交媒体中使用了"#RIPJKRowling"（安息吧，罗琳）标签诅咒罗琳死亡。

16．"Nigger"

"nigger"是英文中对黑人的蔑称，多数西欧语言中也都有此词（或与之相近的说法）。德文中也有此词，且由于德文名词都要大写，因此本书正文中写作"Nigger"（另一个更德语化的写法是"Neger"）。目前，在西方（尤其是美国），"Nigger"是最高级别的禁忌词。除非使用此词者本人是黑人，否则甚至不能以加引号或预先致歉等方式提及此词。

2020 年，美国南加州大学教授格雷格·帕顿（Greg Patton）在上传播学课时，举例说中文中常使用"那个"作为填充词（填充词是人们说话时为了争取思考时间，保持说话不中断的感觉而加入的无意义词语，如在"我去北京，嗯……找我的老师"中"嗯"就是填充词）。因为中文"那个"在发音上接近"nigger"一词，若干黑人学生感觉受到了冒犯并向校方投诉了帕顿，帕顿因此被停课。

受美国民权运动（Civil Rights Movement，1954—1968）的影响，黑人在美国的地位日益提升。在美国知识界，白人也开始反思殖民主义、奴隶贸易、种族歧视等对黑人造成的影响。人们提出过各种替代性的说法来取代"Nigger"，例如"negro""people of color"等，然而，一部分委婉的说法后来也成为禁忌词。目前在美国，如果要无贬义地指黑人，可以说"African-American"（非洲裔美国人）。

在美国知识界，当人们要指"nigger"这个词时，会用"N-word"替代。相应的习惯也传播到德国，德国知识界也用"N-Wort"来替代"Nigger"，本书作者在原文中就是这样做的。

尽管"nigger"是禁忌词，但如果使用者本人是黑人，意义则全然不同。在黑人之间，"Nigger"是一个表示黑人团结的昵称，也常用于讽刺美国社会系统性的种族歧视。

17．"黑人的命也是命"

"黑人的命也是命"（Black Lives Matter，简称BLM）是自2013年至今的反对针对黑人的警察暴力和种族歧视的运动。

2012 年 2 月，美国黑人崔温·马丁（Trayvon Martin）被枪杀，次年，枪杀者被判无罪，引发美国黑人抗议。与本书内容更相关的，是 2020 年因美国黑人乔治·弗洛伊德（George Floyd）被警察当街跪压身亡而爆发的抗议活动。

2020 年 5 月 25 日，在美国明尼苏达州明尼阿波利斯，非洲裔美国人乔治·弗洛伊德因疑似使用假钞，被警察当街跪压导致窒息，送医治疗无效后死亡。此事引发了全美针对警察暴力和种族主义的示威活动，并演变为大规模打砸抢烧、破坏店铺的骚乱。示威者以"黑人的命也是命"（又译"黑命贵"）为口号。其反对者则以"每个人的命都是命"（All Lives Matter，即"所有人的生命都宝贵"）为口号，反对黑人示威运动中的暴力，支持警察的执法行为。

"黑人的命也是命"运动在西欧也有一定的影响力。

18．觉醒文化

觉醒文化（Woke Culture）的关键词是"觉醒"（woke），此词原本只是英文动词"wake"（唤醒）的过去分词，但后来有了"对（黑人所受的）种族歧视以及社会不公平现状有意识"的政治意义。尽管 20 世纪 60 年代就出现了该意义的用法，但是直到"黑人的命也是命"运动，此词才广为人知。

如今，"觉醒"一词还有一些泛化的用法，比如"反对传统的婚姻制度""提倡跨性别主义"等。此外，在一些语境中，"觉醒"还与取消文化联系在一起。

19. 星期五为未来

"星期五为未来"运动（Fridays for Future）是瑞典环保少女格蕾塔·通贝里（Greta Thunberg, 2003— ）自2018年起发起的一年一度的气候罢课抗议活动，参与者主要为青少年。该抗议要求各国采取气候保护措施，以实现2015年《巴黎协定》要求的将全球气温升幅控制在1.5℃以内的目标。在德国，路易莎·诺伊鲍尔（Luisa Neubauer, 1996— ）是通贝里的追随者。

2019年9月24日，通贝里在联合国气候行动峰会做演讲。在演讲中，她指责世界各国领导人在面对气候变化问题时不作为，对年轻一代有亏欠，并指责道："……你们指望年轻人去解决气候问题，你们怎么敢？你们用空洞的言辞偷走了我的梦想和我的童年……"（You come to us young people for hope. How dare you? You have stolen my dreams and my childhood with your empty words.）。其中，"How dare you？"（你们怎么敢？）成为气候罢课运动的口号。

20. 触发警告

"触发"（Trigger）原是创伤心理学术语，指某些刺激能够激发人对于创伤经历的回忆（Flashback）。触发警告（Trigger-

Warning）是通过预警的方式，提示潜在的创伤后遗症患者有选择地进一步阅读或观看。举例来说，在一则关于性侵案的报道文章开头写上"以下内容可能触发性虐待创伤记忆，请谨慎观看或阅读"，就属于一种触发警告。触发警告还常用在课堂教学、博物馆、纪录片中，也属于一种"政治正确"的语言规范。

关于触发警告是否能实现保护创伤后遗症和社会敏感人群的效果，有较大的争议。一些反对者认为，触发警告加剧了人的敏感，甚至强化了创伤后遗症患者对创伤的记忆，无助于减缓其焦虑。

21．新冠疫情期间德国的防疫政策

2021 年 7 月本书德文版付梓前，德国新冠疫情累计确诊 370 万例，累计死亡 9 万例。在新冠疫情中，德国各州政府执行"社交距离"（social distancing）政策来防疫。狭义的社交距离指在公共场合人与人之间要保持 1.5 米的距离。广义的社交距离还包括一系列限制社交、阻断病毒传播的措施，例如，禁止超过 2 人的聚会（亲人之间除外）、关闭堂食餐厅（只允许送餐）、关闭美容美发场所、关闭按摩文身场所等。在德国，社交距离政策会随着新增病例数的上升而收紧，随着病例数的下降而放松。

此外，新冠疫情期间，德国还实施过 3G 限令，即部分场所只允许接种过疫苗者（Geimpfte）、新冠康复者（Genesene）、新冠核酸或抗原检测阴性者（Getestete）进入。这一政策遭到德国的"横向思考者"（Querdenker）的抗议。